과감한 전환

더 큰 진보 정치를 향한 도전과 선택

과감한 전환 더 큰 진보 정치를 향한 도전과 선택

1판1쇄 | 2012년 1월 3일

지은이 | 박용진

펴낸이 | 박상훈
주간 | 정민용
편집장 | 안중철
편집 | 윤상훈, 이진실, 최미정
제작·영업 | 김재선, 박경춘

펴낸 곳 | 폴리테이아
등록 | 2002년 2월 19일 제300-2004-63호
주소 | 서울시 마포구 합정동 413-7번지 1층 (121-883)
전화 | 편집_02-739-9929 제작·영업_02-722-9960 팩스_02-733-9910
홈페이지 | www.humanitasbook.co.kr

인쇄 | 천일_031-955-8083
제본 | 일진제책_031-908-1407

값 12,000원
ⓒ 박용진, 2012

ISBN 978-89-92792-29-5 03340

이 도서의 국립중앙도서관 출판시도서목록(CIP)은 e-CIP홈페이지(http://www.nl.go.kr/ecip)와
국가자료공동목록시스템(http://www.nl.go.kr/kolisnet)에서 이용하실 수 있습니다.
(CIP제어번호: CIP2011005686)

과 감 한 전 환

더 큰 진보 정치를 향한 도전과 선택

박용진 지음

폴리테이아

차례

지은이 서문

1.

키도 제법 크고, 덩치도 그런대로 좋지만 나라는 사람은 참 겁이 많은 사람이다.

혈액형에 따른 성격 규정에 별로 동의하지는 않지만 A형 남성이 갖는 소심함과 우유부단함을 고스란히 안고 살아왔다. 그런데 돌이켜 보니 나는 뭔가를 결심해야 할 때 과감하게 저질러 버리는 스타일의 사람이 되어 있었다. 어떤 일에 대해 자신감 있게 결정하고 행동하는 사람처럼 인식되기도 했다.

남들을 따라 데모에 나서고, 학생운동을 하게 되고, 총학생회장이 되고, 직업 운동가의 길을 걸으면서 매번 망설임을 어렵게 끊어 내왔다. 진보 정당을 함께하고, 패배할 것이 뻔한 총선에 두 번 출마하면서 항상 뒷감당할 걱정으로 밤잠을 설쳤다.

이번에 진보 정당을 떠나 야권 대통합을 주장하며 시민통합당을 창당해 민주당과 통합을 전개하는 과정에서도 마찬가지였다. 20년 동안 걸어오던 길에서 내려오고, 20년 동안 고집하던 생각을 바꾸는 과정은 1년이 넘는 고민과 망설임의 연속이었다. 함께 고민을 정리하던 동지들이 나의 망설임에 실망하고 떠나기도 했으며, 다른 한편에서는 나의 새로운 주장과 실천에 동의하지 못하고 떠나는 동지들도 있었다. 사람들이 나를 떠나고 내 생각에 동의하지 못할 때 나는 외로움에 망설였고, 마치 고장 난 시계 바늘처럼 똑딱이며 후회하고 다짐하기를 반복했다. 겁 많고 우유부단한 사람이 과감하고 자신감 넘치는 사람으로 보이는 그 이면에는 이런 갈등과 머뭇거림이 있었다.

이 책은 겁 많은 한 사내의 과감한 실천에 대한 이야기다.

2.

2001년 3월 말, 나는 세 번째 감옥살이에 들어갔다.

결혼 6개월밖에 되지 않은 아내를 두고 무려 3년 형을 받아 들었다. 모진 겨울 독방살이와 헐떡이게 힘들었던 여름 감방살이를 두 번씩 지내고서야 겨우 아내 곁으로 돌아올 수 있었다.

감옥에 갔던 것은, 당시 대우자동차 노동자들에 대한 정리 해고를 반대하는 집회에서 연설을 했기 때문이었다. 당시 나는 갓 서른 살이었지만 지금의 최고위원 격인 민주노동당 전국집행위원을 맡고 있었다. 노동자의 편에 섰다는 죄와, 그날 연행된 사람들 중 책임질 만한 지위에 있다는 이유로 제법 긴 징역을 살아야만 했다.

독방에서 시간이 많았기 때문일까? 책을 써야겠다는 생각을 그때 그 감옥에서 했다. 당시만 해도 현재진행형인 민주노동당의 이야기를 기록하기 위해 꼼꼼히 메모를 하고 글을 적어 두었다. 이 책 3장의 기록은 대부분 그때 정리한 것이다. 그러나 출간하는 데 이르지는 못했고, 그 사이 세상으로 다시 돌아온 나는 바쁜 나날을 보냈다. 글은 정처 없이 인터넷 공간 이곳저곳을 떠돌아다녔다. 때를 만나지 못한 채 낡은 기록으로 묻힐 뻔했는데, 이번 기회에 새로 다듬어지고 생명력을 얻게 되었다. 3장의 기록을 쓰기 시작했을 때 가제가 '민주노동당사'였는데, 이제 민주노동당이라는 당명이 역사 속으로 사라졌으니, 시의적절함도 갖추게 된 셈이다.

3.

진보 정당이 2004년 원내 10석의 제3당으로 등장했고, 나는 중앙당의 대변인이 되었다. '거리의 정치'에서 '국회의 정치'로 진입한 진보 정치의 좌충우돌과 고군분투를 현장에서 마주했다. 정치를 가장 가까운 곳에서 가장 날것으로 바라볼 수 있었다. 뉴스를 만들어야 하는 기자들보다 한발 앞서 뉴스가 될 내용을 고민하고 정리해야 했다. 사람들은 어제 내가 한 이야기를 오늘 뉴스로 보면서 세상을 읽었다. 세상 사람들보다 하루를 먼저 살아간다는 건 재미있지만 힘든 일이었다. 그 일을 3년 동안 했다. 꽤 긴 기간이었다. 그때 진보 정치가 겪어야 했던 오류,

새롭게 설정해야 할 좌표에 대해 고민했다. 이 책의 주제가 된, 진보 정치가 '과감한 전환'을 해야 할 필요성이 머릿속에 싹 텄던 것이다.

민중이 수동태가 아니라 능동태, 그것도 적극적인 능동태라는 사실을 온몸으로 알았다. 대변인 시절 마주해야 했던 숨 가쁜 갈등과 고민을 통해 한 걸음 더 내딛을 수 있었다. 4장에 이런 이야기를 담았다.

4.

신혼여행지도 제주도였던 해외여행 문외한이 유럽에 다녀왔다. 길지는 않았지만 그곳에서 사람들과 진보 정치에 대한 새로운 시선들을 마주쳤다. 나의 세대는 홍세화를 통해 프랑스의 톨레랑스와 좌파 연합 정치의 오랜 경험을 읽었고, 박노자를 통해 북유럽 복지국가의 일상 속 진보와 자신감을 만났다. 한국 사회의 정치적 후진성과 노동 정치의 왜소함을 보며 늘 유럽 사회를 동경했다. 유럽 사회와 그곳 사람들의 강고한 노동 정치와 연대 의식은, 여전히 내가 지향하는 바다. 그런데 빛이 닿는 반짝이는 면만 보았던 나는 지난 유럽 방문에서 그곳의 어두운 측면을 볼 수 있었다. 어느 사회나 명암이 엇갈리기 마련이다. 내가 짧게나마, 그 명암을 교차해서 바라볼 수 있었던 것은 행운이었다.

내가 지금 걷고 있는 통합 정치의 길 끝에 북유럽이 놓여 있다. 나는 스웨덴과 북유럽 사회를 한국 사회의 새로운 지향점으로 삼아야 한다고 생각한다. 그 목적을 위해서 어떤 것은 유보하고 묶어 두어야 하지만, 어떤 것은 과감하게 펼쳐 내고 그러기 위해 힘을 모아야 한다. 나와 나의 세대가 힘을 모아 스웨덴의 절반까지만 이뤄 내면 그다음 절반은 내 후배들이 해내리라 믿는다. 아니, 스웨덴보다 더 나은 사회를 만들어 낼 역량을 우리 사회가 품고 있다고 나는 믿는다.

5장의 이야기는 그런 믿음을 바탕으로 바라본 파리와 오슬로의 명암을 담고 있다.

5.

이 책에는 내가 지나온 과거 이야기가 담겨 있지만, 진보 정치가 어떻게 나아가야 하는지에 대한 내 생각을 정리하기도 했다. 지난 세월 나와 함께해 준 동지들과 지지자들에게 보내는 호소이자, 아무도 다니지 않는 새벽 도로 위에 점멸하는 신호등처럼 간절함을 담은 글이다. 한국 사회가 새로운 국면에 접어들고 있다는 사실은 모두가 알고 있다. '2013년 체제'라는 말은 우리 사회가 단순한 변화가 아니라 패러다임의 전면적인 전환을 요구받고 있다는 사실을 압축적으로 보여 준다. 한국 사회의 대전환기에 당연히 진보 정치도 변화해야 한다.

나는 내가 걸어왔던 진보 정치를 넘어서기로 했다. 고립을 두려워하지 않고, 연대와 협력의 잔도를 끊어 버린 채 '독자적 정치 세력'으로 존재하고자 했고, 그것을 통해 독자적인 정권 수립의 길을 갈 수 있다고 여겼던 믿음과 그 실천의 길에서 내려선 것이다.

지금 내가 새로 걸어가고자 하는 진보 정치는, 진보 정치 세력이 무엇을 갖추지 못했는지를 살피고, 집권 경험이 있는 자유주의 정치 세력과 협력하고 통합해서 국민들이 바라는 새로운 대한민국의 길을 여는 것이다. 국민이 소망하는 것을 이뤄 내는 것이 정치의 임무다. '진보'라는 자기 정체성에만 집착해 '정치'의 적극적 역할을 수행하지 못한다면 '진보 정치'라는 이름에 걸맞은 책임을 다하지 못하는 것이다.

그 책임을 다하기 위해서 진보 정치 세력은 자유주의 정치 세력과 대립과 경쟁이 아니라 통합과 연대의 관계를 맺어야 한다. 그것은 진보 정치와 개혁 정치가 지금 상황에서 각자의 힘만으로는 한국 사회가 요구하는 새로운 단계를 열어 갈 수 없음을 인정하는 것이다. 이는 부끄럽거나 안타깝게 여길 일이 아니다. 나는 오히려 진보 정치 세력이 전환의 시기에 협력의 길을 선택하지 못하고, 여전히 과거의 관성과 소극적인 태도 때문에 국면 전환의 주인공이 되지 못하는 것이 안타까울 뿐이다.

1장과 2장에서 내 생각의 변화와 호소를 담았다.

6.

이 책을 정리하면서 마흔을 넘긴 내 인생을 돌아봤다. 길지 않은 시간이었기 때문일까? 걸어온 길의 굽이들이 생생히 보인다.

전라북도 전주 촌놈이 서울로 올라와 겪었던 어린 시절의 혼란, 전

교조 결성의 소용돌이에서 교내 시위를 주도했던 고3 시절, 학생운동을 통해 사회 변화의 열정을 쏟아 냈던 20대 초반과 대학 시절은 가장 멀지만 그만큼 애틋해 보인다.

성균관대학교에서 총학생회장을 하고, 감옥에 갔다 오고도 군대를 가야 했던 시절, 그리고 이 책에서 주로 담고 있는 진보 정당 활동의 숨 가쁜 시절이 마치 어제 같다. 2000년과 2008년 진보 정당의 후보로 총선에 두 번 출마했고, 한나라당과 민주당 후보를 제외하고 서울 지역에서 10년 동안 두 자릿수 지지율을 유지하고 있는 유일한 정치인이 되었다. 낙선할 것을 알면서도 선거에 출마해 얻은 상처가 훈장이 되었다.

그 시간 속에서 나를 가장 잘 이해하고 지지해 주는 아내를 만났고 두 아들을 만났다. 한때 대공 보안 업무를 맡기도 했던 경찰공무원 출신의 아버지는 이제 가장 든든한 지지자가 되었다. 스물아홉 푸른 나이에 후보 명함을 들고 강북구 미아동과 삼양동 일대를 누비던 겁 없는 젊은이는 이제 흰머리가 제법 보이는 마흔한 살의 아저씨가 되었다.

하지만 여전히 걸어온 길보다 가야 할 길이 더 길고 멀다. 여전히 나는 젊은 사람이고, 진보 정치의 길을 걸어가는 씩씩한 사람이고 싶다. 이 책을 쓰면서 나는 스무 살 젊은 시절에 가졌던 착한 뜻을 다시 떠올려 봤다. 그 착한 뜻을 실현해야 한다는 책임감과 해낼 수 있다는 자신감으로, 그리고 가슴 뛰는 즐거움으로 오늘도 한 걸음을 더 내딛는다.

아내 조형숙의 응원이 없었다면 이 책은 마무리되지 못했을 것이다. 11년을 다닌 직장을 정리한 뒤 새로운 길을 준비하고 있는 아내의 전폭적 지지가 나의 '과감한 전환'을 뒷받침하고 있다. 일곱 살 큰아들 수영이, 네 살 작은아들 준영이가 아빠의 작은 책방에 조금만 덜 들락거렸어도 이 책은 더 빨리 출판될 수 있었겠지만, 개구쟁이 아들들의 웃음소리와 짓궂은 장난은 요즘 내 삶의 에너지다.

원고를 읽고 조언해 준 최선 강북구의원의 세심함이나 첫 출판에 망설이고 있던 내게 용기를 주고 꼼꼼하게 챙겨 주신 박상훈 선생님의 배려에 머리를 숙인다.

엄청나게 밀려드는 업무에도 불구하고 내가 책을 쓰는 데 집중할 수 있도록 역할을 다해 준, 같은 공간의 서승목·박상필 동지에게도 감사드린다. '민들레포럼' 회원들의 응원과 지지가 없었다면 오늘의 나는 감히 서있지도 못했을 것이다. 이 책을 그들이 받아 주기를 바란다.

무엇보다도 지난 20년 동안 함께해 줬고, 앞으로도 함께해 줄 나의 영원한 동지들, 그들 모두의 이름을 적지는 못하지만 내 열정과 자신감은 그대들의 것이다. 함께 있어 행복하다.

2012년 1월
강북구 삼각산 아래 작은방에서

1장

위기의 정치,
진보의 기회

정치는 죽었다

오늘 대한민국의 현실은 끔찍하다. 절망적이다.

『포춘』에서 선정한, 매출액 기준 세계 5백 대 기업에 14개 대기업이 들어갔고, 한국 기업의 무서운 상승세는 여실히 확인되고 있지만, 한국 노동자와 국민의 삶의 지표는 더욱 악화되었다. 법과 제도, 정권과 언론은 분명히 대기업과 재벌, 그리고 사회적 강자의 편이며, 이는 불평등을 심화시키고 사회정의를 약화시키는 각종 조건을 방치하거나 심지어 옹호하고 있다.

대한민국의 오늘은 조선 말기와 비슷하다.

조선의 백성들이 불평등과 경제적 어려움으로 짓눌린 삶을 살고, 지주가 소작농과 그 가족의 생사여탈권을 쥐고 마음껏 사적 처벌을 내렸다면, 오늘날에는 사주가 노동자를 야구방망이로 폭행하고 맷값으로 때우려 하고, 아무런 거리낌 없이 비정규직 노동자를 양산하고 정리 해고를 단행하면서 사적 이익을 극대화하려는 행위가 '뛰어난 경영 능력'으로 추앙받으며 주가 상승의 동력으로 작동하고 있다. 사람을 쥐어짜 기업의 살을 찌우는 야만이 판을 치고 있다.

한국의 정치는 제 기능을 정지했다.

불평등을 해소하고 정의를 바로잡아야 하는 정치는 사실상 죽었다. 사회 갈등을 극복하고 통합의 길을 약속하는 정치인의 말은 그저 말뿐이다. 국민과 노동자들은 한나라당과 민주당이라는 거대 양당의 말잔치 정치에 절망하고, 10년 동안 무능력을 노정해 온 진보 정치의 다짐에는 의구심을 보이고 있다.

말만 늘어놓고 세상을 위해서는 단 1그램의 변화도 만들지 못하는 정치는 죽은 정치다. 그 이름이 진보 정치든 개혁 정치든, 우리는 모두 이 죽은 정치의 한 귀퉁이씩을 뜯어먹고 있을 뿐이다.

진보 정치

나는 진보 정치인이다.

지난 20년을 진보 운동가, 진보 정치인으로 살아왔다. 세 번의 감옥 살이를 부둥켜안으며 만들고 키워 온 진보 정치는 지금 무엇을 하고 있는가? 이미 8년여 전에 원내 진출을 했고, 한국 사회 곳곳에서 의미 있는 목소리를 내고 있지만 진보 정당이 출현한 뒤에도 국민의 구체적인 삶은 달라지지 않았다. 국민들은 진보 정치 세력도 '똑같은 놈들'이라고 말하기 시작했다. 삶에 구체적인 변화를 가져오지 못한다는 데 대한 국민의 환멸은 보수와 진보를 가리지 않는다. 옳은 소리를 앞세워 자기 주장을 한다고 해서 진보 정치가 자기 의무를 다한 것이 아니다.

2000년 민주노동당이 첫발을 내딛을 때 국민들은 기존 정당의 틈바구니에서 고군분투하며 목소리를 드높이던 진보 정치에 박수를 보냈다. 진보 정치 세력은 단 한 석의 국회의원이라도 당선되기를 갈망했지만 국민들은 2004년 총선에서 10석이나 되는 원내 의석을 안겨 줬다. 빨치산의 아들로 숨죽여 살아야 했던 권영길은 대통령 후보가 되어 국민적 사랑을 받았고, 구속과 수배에 쫓기던 노동자의 대표 단병호 위원장이 국회의원이 되었다. 하지만 진보 정치는 10년 세월이 지나고도 10년 전 모습 그대로다.

자기주장에만 집착하고, 현실에서 문제 해결 능력이 부족한 것을 의석수가 부족하기 때문으로 치부하며, 10석으로는 안되니까 20석의 원내교섭단체를 만들어 달라고 한다. 10년 동안 진보 정치의 고군분투에 박수를 보냈던 국민들은 야만의 질서와 악전고투하느라 숨이 넘어갈 지경인데 말이다. 진보 정치가 자기 의무를 다하기 위해서는 20석을 만들어 달라고 요구할 것이 아니라 이 악전고투를 끝장낼 과감한 전환을 서둘러야 한다.

국민들은 진보 정치가 진보 정당이라는 밥그릇을 만들어 내겠다고 했을 때, 투박한 밥그릇일망정 거기에 따뜻한 밥이 담길 것이라고 기대했다. 그것이 10년 전 진보 정치의 약속이었다. 그런데 여전히 더 크고 그럴싸한 밥그릇을 만들겠다는 진보 정치의 이야기를 들어주기엔, 대한민국의 국민들은 너무 지치고 굶주렸다.

지치고 굶주린 국민들에게 진보 정치가 좋은 뜻과 정책을 가지고 있으니 10년이 될지 20년이 될지는 모르지만, 그것이 실현될 때까지 기다려 달라고 말해서는 안 된다. 사랑을 실현하기 위해 10년을 기다리는 일은 아름다운 순애보로 기억될지 모르지만 그것은 진정한 사랑이 아니다. 진보 정치가 국민들에게 10년을 기다려 달라고 이야기하는 것도 더 이상 진보 정치의 길이 아니다. 진보 정치는 이제 10년을 계속해 온 주장을 반복할 것이 아니라 그 주장을 실천할 수 있어야 한다.

노무현의 성찰, 누가 더 진보적인가

진보 정당 10년 세월은 한나라당 보수 우익 세력과의 투쟁이었지만 동시에 민주당 등 자유주의 정치 세력과의 날선 경쟁이었다. 진보 정당의 정치적 독자성은 거대 정당 사이에서 안간힘을 써 얻어 낸 것이었다. 자유주의 세력과의 경쟁은 그들이 집권한 10년 내내 지속되었다. 그 집권 기간 동안 무엇을 했어야 하는지를 전략적인 관점에서 살피고 협력을 모색한 이는 아무도 없었다. 집권 세력이었던 민주당은 역사적 과제에 무지했고, 진보 정치 세력은 역사적 책임에 대해 오만했다. 한쪽은 집권 기간 동안 무엇을 해야 할시를 분명히 알지 못했고, 한쪽은 경쟁과 비판의 목소리만 높였다. 그러는 사이에 한국 사회가 나아가야 할 복지국가로의 역사적 행군은 늦춰졌다. 복지국가는커녕 무한 경쟁과 약육강식을 앞세운 자본주의의 온갖 병폐가 사회에 만연했다. 정치 세력의 무지와 오만 속에 국민들은 고된 현실을 살아 내고 있다.

이와 관련해, 진보 세력의 경쟁 상대이자 비판의 대상이었던 고(故) 노무현 전 대통령이 고향으로 돌아와 집권 시절에 범했던 실수와 오류를 하나하나 성찰하고 반성했다는 사실을, 나는 그가 서거한 이후에 알게 되었다.

놀랐다. 진보 정치가 국민들이 겪고 있는 고통의 책임을 한나라당과 민주당에 돌리고 있을 때, 그는 변화하고 있었던 것이다. 그에 비해 진보 정치 세력은 여전히 자기주장에만 갇혀 있는 것이 아닌가 하는 아픈 생각이 나를 때렸다.

'지금 이 순간 누가 더 진보적인가?'

언제나 자신 있었던 이 질문에 머뭇거리지 않을 수 없었다. '진보 정당'이라는 틀 안에 있다는 이유로 당연히 진보적일 수 있는 것인가? 진보 정당이라는 틀이 진보의 확장을 가로막고 있는 것은 아닐까?

과감한 전환

진보 정치는 '보수 정치 : 자유주의 정치 : 진보 정치'라는 전통적인 3자 정립 구도를 통해 진보 정치의 독자적인 목소리를 구축해 왔다. 하지만 언제까지나 이 3자 정립의 틀에 갇혀 있을 수는 없다. 그것은 안정된 구도이되 '소수파 전략'이기 때문이다. 이제는 '보수 : 진보'라는 '다수파 전략'으로의 발상 전환이 요구되는 때다. 진보 정치가 확장된 진보로 나아가려면 자유주의 정치 세력과의 오랜 반목과 경쟁을 접고 통합과 협력의 길에 들어서야 한다. 이것이야말로 진보 정치가 야만의 시대를 끝내야 하는 자기 임무에 충실한 '과감한 전환'의 핵심이라고 생각한다.

진보 정치 세력이 자기주장에 집착하는 것이 아니라 노동자·서민들의 구체적인 문제를 해결하고 삶의 질을 높이는 일에 나서려 한다면,

독자성을 지키기 위해 기꺼이 감수했던 '소수파 전략'에서 벗어나 집권을 위한 '다수파 전략'으로 전환함으로써 새로운 시대의 주인공으로 나서야 한다고 생각한다. 자유주의 세력에 잡아먹히고 소멸될 것이 두려워 쌓아 왔던 담장을 이제 허물고 과감하게 드넓은 광장으로 나서야 할 때인 것이다.

진보 정당 10년 활동의 결과로 진보 정치 세력은 정치적 시민권을 갖게 되었다. 그 권리를 통해 새로운 대한민국을 조합해 나갈 구체적인 실천 프로그램을 만들어야 한다. 국민들은 지금 이런 프로그램을 만들고 실천할 새로운 정치 세력을 기다리고 있다. 국민들의 요구에 적극적으로 호응하지 못하면 진보 정치는 새로운 시대의 주인공은커녕 역사의 낙오자로 전락할지도 모른다.

세력의 크고 작음을 가지고 머뭇거릴 이유가 없다고 생각한다. 민주당으로 대표됐던 자유주의 정치 세력은 20년 동안 대립과 경쟁의 대상이었지만, 진보 정치가 제시하는 진보적 가치, 복지국가 건설이라는 시대적 과제에 동의한다면 연대의 대상으로 받아들이는 것을 두려워할 필요가 없다. 복지국가 건설을 위한 다수파 전략을 성공시키고 새로운 대한민국을 만들어 낸다면 그 주인공은 진보 정치 세력이 될 것이고, 역사는 진보의 승리로 기록할 것이라는 자신감을 가져야 한다. 내가 야권 통합 정당의 건설이라는 요구에 호응하고 나선 이유가 여기에 있다.

진보의 독자성

민주당과 자유주의 정치 세력을 어떻게 믿을 수 있느냐고 묻는 사람들이 있다. 그러나 정치에서 믿을 것은 오로지 국민뿐이다. 상대 정치 세력에 대한 믿음으로가 아니라, 국민의 요구에 대해 성실하게 응답하는 것으로 정치는 움직이는 것이다. 따라서 문제는 민주당 등을 믿을 수 있느냐의 '독심술'이 아니라, 어떤 세상을 어떻게 만들 것이냐에 대한 '정치력'이다.

과감하게 자신을 던지지 않고는 아무것도 이뤄 낼 수 없다. 방향을 정했으면 이제 움직이고 변화해 가면서 한 걸음씩 전진하는 것만이 유일한 방법이다. 처음부터 상대 정치 세력을 신뢰할지 여부로 실천을 재단하는 것은 정치의 영역이 아니다. 진보 정치 안에서도 온갖 정파와 그룹 간의 이전투구가 있고, 그 다양함을 인정한 뒤 판단하고 실천한다. 이는 새로운 통합 정치, 협력 정치의 장에서도 마찬가지일 것이다.

진보 정당의 주류 세력들은 민주노동당을 중심으로 새로운 질서를 만들어 가는 길을 선택했다. 이는 새롭게 요구되는 '보수 : 진보'의 양자 정립 구도가 아닌 기존의 3자 정립 구도를 계속 유지하려는 사고에 머무르는 것이다. 그러나 나는 이 구도가 2012년 총선을 기점으로 큰 변화를 요구받게 되리라고 생각한다.

진보 정치의 독자성은 정당의 법적 독립성으로 보장되는 것이 아니라 국민의 지지와 응원으로 유지된다. 정권 교체와 새로운 대한민국의 건설이라는 시대적 과제를 실현하기 위해 양자 정립의 한 축을 담당하라는, 진보 정치에 대한 국민의 요구가 총선을 전후로 더욱 거세질 것이다. 야권 대통합이라는 이름으로 제기되는 이 요구에 진보 정당의 주류 세력들은 분명한 대답을 내놓아야 할 것이다. 이들이 책임 있는 태도를 보일 것으로 믿는다.

민주당을 비롯한 전통적인 자유주의 정치 세력과 시민사회 세력, 그리고 소수의 진보 정치 세력이 참여한 야권 통합 운동은, 진보 정당들이 참여하지 않았다는 점에서 미완성이지만, 총선을 앞두고 일정한 전열 정비를 마쳤다. 이 책이 세상에 나갈 무렵 그 당의 이름으로 선거운동이 한창일 것이다. 그러나 이 역시 불완전한 형태일 수밖에 없다. 총선 이후, 과감한 전환과 야권 대통합에 대한 요구가 다시 불거질 것이며, 그 결과 이 모든 불완전을 흔들어 댈 것이다.

따라서 변화의 동력을 만들어 내기를 바라는 국민들의 기대에 부응할 수 있도록 야권이 세력을 정비하지 못한다면 2012년 대선에서 승리할 수도 없고 미래 비전을 제시할 수도 없다. 진보 정치 세력 역시 마찬가지다.

반보가 세상을 바꾼다

이런 생각으로 2011년 9월 18일 진보신당을 탈당했다. 당의 부대표직은 그 전에 사퇴했다. 오래되고 익숙한 길에서 벗어나, 불안하지만 새로운 길, 확장된 진보의 노선을 걷기로 했다. 만감이 교차하고 만상이 떠오르는 하루였다. 멀리로는 1992년 2월 총선에서 무소속 민중 후보의 선거를 지원한 것으로 시작했던 진보 정치의 길이고, 가깝게는 1997년 대통령 선거를 통해 시작한 진보 정당 건설의 길이었다.

지난 20년을 걸어오던 길에서 내려오면서 생각했다. '진보 정당 독자 집권'의 길은 실패했다. 그 길은 실패했지만 진보 정치가 실패한 것은 아니다. 진보 정치는 오히려 세상으로부터 더욱 분명한 역할을 요구받고 있다. 이제 그 역할에 어떻게 호응하느냐라는 숙제가 남아 있다. 당장 진보 정당이 독자 집권을 하기는 어렵지만 연합 정당을 통한 연립 정부 집권의 길은 실천할 수 있으며, 또 그것이 세상의 요구다.

탈당하던 날, 나는 많은 것을 포기해 두려웠지만 새로운 길에 대한 기대로 가슴이 뛰었다. 민주·진보 진영 모두가 힘을 합쳐 복지국가 대한민국, 새로운 대한민국을 만들겠다는 포부가 상실감을 상쇄하고도 남았다. '진보 정당 독자 집권'의 실패가 진보 정치의 실패가 아니듯, 탈당은 끝이 아니라 새로운 시작인 것이다.

이 책은 내가 살아온 지난 20년에 대한 기록이며 기억의 정리이자 애정의 표현이다.

즉 이 책은 민주노동당 창당 이전 '국민승리21'이라는 진보 정당 건설 초기 고군분투에 대한 기록이다. 또한 민주노동당이 원내 제3당이었던 시절 대변인으로서 목격했던 진보 정당의 부침에 대한 기억이다. 그리고 변화를 요구받고 있는 시절, 과감한 전환을 주저하고 있는 진보 정당들에 건네는 애정 어린 요청이다.

우리는 이 세상을 열 걸음 바꿔 내려고 했다. 그러나 돌아보면 열 걸음은커녕 늘 반보를 앞섰거나 반보 뒤처져 왔다. 혹여 지금 진보 정치가 반보 뒤처져 있지는 않은지 진보 정당과 내 자신에게 묻는다. 반보 뒤처지지 않기 위해서도, 반보 앞서기 위해서도 과감한 전환이 요구된다. 진보는 오로지 '백척간두진일보'(百尺竿頭進一步)할 때만 진보이기 때문이다.

그 반보가, 세상을 바꾼다.

2장

진보 정치에 대한
네 가지 생각

공감
_____정치의 기본

한국전쟁 참전 용사들을 생각하다

2010년 10월, 나는 진보신당 부대표로 당선되었다. 당선된 대표단 5명 가운데 유일하게 통합 정치를 주장했다. 당선된 다음 날 선출된 대표단 모두는 진보 진영의 오랜 관습대로 마석의 전태일 열사 묘역을 참배했다. 그리고 주변의 민주 열사, 노동 열사들의 묘역도 참배했다. 내 발걸음은 20년 전인 1991년 5월 투쟁 과정에서 목숨을 잃었던 학교 선배 김귀정의 묘 앞에서 멈췄다. 이제는 20년이나 지났으니 가슴의 상처도 아물고, 아무렇지도 않게 그때를 이야기할 수 있으리라 생각했는데, 아니었다. 쏟아지는 눈물을 참을 수가 없었다.

어느덧 20년이라는 세월이 흘렀지만, 그의 무덤 앞에 서고 보니 내 마음속에는 여전히 새빨간 자상이 뚜렷했고, 20년 동안 아무것도 한 일이 없는 것처럼 느껴졌기 때문이다. 나 혼자만 그런 것은 아니었다.

1991년 5월 항쟁의 20주년 기념 토론회에 갔을 때였다. 지금은 시민운동, 노동운동, 진보 운동, 학술 운동 등 각 분야에서 활약하고 있는, 1991년 5월 거리의 주역들이 다양한 모습으로 마주했는데, 그 자리에서 우리는 서로의 아물지 않은 상처를 확인했다. 생각하고 싶지 않은 기억을 떠올리고 말해야 한다는 것이 불편했다. 개인의 상처도, 집단의 상처도, 시간이 흘렀다는 이유로 단순히 역사로 치부해 버릴 수 없다는 사실을 깨달았다. 그러다가 생각이 다른 곳에 미쳤다.

한국전쟁, 그리고 참전 용사들이다. 그들도 나처럼 스무 살 혹은 더 어린 열여덟의 나이에, 왜 그래야 하는지 명확한 설명도 듣지 못한 채 전쟁에 내몰려 총을 들고 상대를 겨눠야 했을 것이다. 전쟁이라는 어마어마한 살육의 현장에서, 같이 밥을 나누고 잠자리를 지켜 줬던 친구가 누군지 모를 적의 총탄에 죽어 가는 모습을 울부짖으며 지켜봤을 것이다. 그들의 상처가 50년이 지난들, 60년이 지난들 잊혔을 리 없다. 내 상처가 20년이 지나도 그대로인 것처럼.

나는 그들을 보수 우익이라고 손가락질했었다. 한국 사회의 진보와 체제의 전진을 가로막고 있는 구태, 낡은 기득권 질서를 떠받치는 답답한 존재로 서슴없이 규탄했었다. 그러나 나의 손가락질과 규탄에는 '공감'이 없었다. 그들을 이해하려는 노력이 조금도 없었던 것이다.

그들이 안고 있는, 평생 아물지 않을 상처를 어루만지고 아픔을 나누기엔 내가 너무 어렸을지도 모른다. 그들의 상처를 공감하는 능력, 그들의 상처를 동원해 정치적으로 이용하려 하고, 여전히 전쟁을 수행하고자 하는 사람들과 상처를 안고 살아가는 사람들을 구분할 줄 아는 지혜가 내게는 없었던 것이다. 진보가 그들을 보듬어 안고 이야기를 나누었다면, 그들이 수구 세력의 동원 부대로 전락하는 일을 막을 수 있지 않았을까 하는 생각도 든다.

내가 민정당 군부 정권의 후예들인 한나라당을 결코 지지하지 않는 것처럼, 그들 또한 수백만의 인명을 살상한 원흉이라고 생각하는 북한 정권과 비슷해 보이기만 해도, 혹은 북한 정권을 이해하려는 것처럼 보이기만 해도 그 세력과 정당을 적대시할 것이다. 그들이 진보 세력을 쉽게 '빨갱이'로 낙인찍는 데는 이런 단순 논리가 감춰져 있다.

나는 인생의 황혼에 접어든 그들에 대해 내가 어떤 태도를 가져야 하는지를 이제라도 알게 되어 큰 다행으로 생각한다. 그것은 '공감'의 자세다. 그들이 안고 있는 상처를 이해하는 것이다.

일곱 살 난 내 아들이 스무 살이 되었을 때, 아빠의 스무 살을 이해하고 그 시절 목숨을 던져야 했던 꽃다운 벗들의 심정과 나의 상처를 알아준다면, 난 그것만으로도 아들에게 한없이 고마울 것이다. 내가 내 아들에게 바라는 것처럼, 그들도 나와 우리 세대, 진보 세력이 그래 주기를 바라고 있을 것이다. 서로를 이해하고, 서로의 상처를 감싸 주는 것은, 우리 사회가 피할 수 없는 갈등의 무게에서 불필요한 덩어리를 덜어 낼 수 있게 한다. 이 또한 한 걸음의 진보임이 틀림없다.

한국전쟁이 발발한 지 61년이 지났다. 스무 살 청년들이 느꼈을 전쟁의 참혹함이 이 땅에서 다시는 반복되지 말아야 한다는 다짐으로 그들과 함께해야 할 일은 분명하다. 갈등과 긴장을 부추기는 세력들 때문에 우리가 나뉘고 불화할 것이 아니라, 공감을 바탕으로 화해하고 연대하고, 평화를 지키고 나누는 일, 그것이다.

스물한 살, 대공 담당 경찰관 아버지에게 '나는 사회주의자'라고 말하다

무려 12명이 산화한 1991년 5월 투쟁이 끝나고 세상이 각자 자기 자리로 돌아간 듯 보였던 어느 여름날, 아버지는 나를 안방으로 불렀다. 막 동네 슈퍼에서 사 온 듯한 맥주 두 병과 맥주잔 두 개가 방바닥에 놓여 있었다. 아버지는 아들들에게 무뚝뚝한 분이셨다. 대화도 없었거니와 살가운 기억도 없었다. 게다가 아버지는 조심성 없이 되는 대로 뛰어다니는 내 스타일을 별로 마음에 들어 하시지 않았던 것 같다. 집 안에서 그릇을 깨먹거나 밖에서 사고를 치고 들어오는 날이면 유독 더 혼이 났다. 어린 마음에, 아마 딸을 바라셨는데 형 둘에 이어 나까지 또 아들이 나오자 실망해서 그러신 것이 아닐까 하는 상상도 했었다. 게다가 내 밑으로 여동생이 태어났으니 사이에 낀 셋째 아들의 처지가 난감했던 것도 사실이다.

조심스러웠다. 아버지가 아들에게 맥주 한 잔 따라 주는 것이 요즘은 대수롭지 않은 흐뭇한 풍경이겠지만 20년 전에, 그것도 원래 그럴 분이 아닌데 맥주라는 소품까지 동원해 마련한 자리라면 뭔가 하실 말씀이 있으리라 짐작할 수 있었다.

첫 잔을 그냥 말없이 조용히 들이켰다. 두어 마디 변죽을 울리는 이야기가 채 끝나기도 전에 아버지가 물으셨다.

"너 요즘 뭐하고 다니냐?"

"네?"

"이젠 공부도 좀 해야 하지 않냐? 지난 학기 내내 데모한다고 돌아다니느라 성적은 엉망이고. 여름방학도 농활인지 뭔지 다닌다고 아무것도 하지 않는 것 같던데, 이제 그만 정신 차리고 군대도 다녀와야 하지 않겠냐?"

"군대는 나중에 갈게요."

"군대 미루지 마라. 한 살이라도 젊을 때 다녀오는 것이 남는 거다. 엉뚱한 짓 하느라 시간만 뺏기면 누가 인생 책임지냐."

데모나 공부나 다 그냥 하시는 말씀이고, 이 모든 문제를 일거에 해결할 방안으로 군 입대를 권유하시는 것이었다. 어머니와는 이미 상의

가 끝났고 의견을 전하는 역할을 아버지가 맡으신 것 같았다. 사실 어머니는 5월 투쟁 당시 '저 아이가 저러다가 죽거나 다치지나 않을까.' 하며 늘 불안해하셨다. 살기등등한 시대였고, 아들의 눈빛도 세상 못지않은 결기로 가득했기 때문이다. 군대를 가면 일단 그 두려움에서 벗어날 수 있으리라고 생각하셨던 것이다.

"3학년 마치고 다녀올게요."

함께 학생운동을 하던 1년 위 선배들과 동기들이 대부분 도망치듯 입대하던 시절이었다. 5월 투쟁을 이끌다시피 한 학생운동의 동력은, 한국외국어대학교에서 벌어진 정원식 총리서리에 대한 계란 투척 사건 이후 급속히 위축되었고, 패배의 쓰라림은 군 입대라는 도피로 이어지고 있었다. 나는 그 행렬에 몸을 싣기 싫었다. 오히려 그들이 떠난 자리에 할 일이 더 많았다. 구체적이지는 않았지만 내가 옳다고 믿는 일에 대해 마무리를 해야 한다고 믿던 때였다.

아들이 좀체 말을 듣지 않자 아버지는 답답해하셨다.

"네가 세상을 몰라서 그런다. 데모한다고 세상이 바뀌냐? 니들 몸만 상하지. 그러지 말고 군대 다녀와서 차근차근 다시 생각해 봐. 네 엄마도 너 때문에 병이 날 지경이다. 대학까지 보냈더니 이런 불효가 어디 있냐?"

아버지의 목소리가 높아지고 말씀의 내용이 기득권 세력의 논리, 무기력한 기성세대의 변명 같은 이야기로 채워지기 시작하자, 나는 거기에 반박하려고 했다. 설익고 거친 말들이었다. 그러지 말고 "생각해 보겠습니다." 정도로 자리를 정리해야 했는데, 그러기엔 내가 너무 어렸던 모양이다. 나는 불쑥 이런 말을 아버지에게 하고 말았다.

"아버지 저 아무 생각 없이 이러는 거 아니에요. 저 사회주의자예요. 북한 추종하는 애들과는 다르지만, 세상을 어떻게 바꿀지에 대해 많은 생각을 하고 있단 말이에요. 철부지처럼 보지 마세요."

이렇게 말하는 순간, 내가 실수했다는 생각이 파도처럼 밀려들었다. 그러나 이미 때는 늦었다. 아버지는 한동안 말을 잃고 계시더니 눈에서 분노가 일기 시작했다. '사회주의자'라는 단어가 가져온 엄청난 반응이었다.

"뭐라고? 사회주의자? 네가 빨갱이란 말이냐? 나는 네가 대한민국의 민주주의나 정의를 위해서 그러고 다닌다고 생각했다. 그런데 실망이 이만저만이 아니다. 사회주의자라니! 우리 집안이 6·25 전쟁 때 어떤 고초를 겪었는데, 네 작은할아버지가 빨갱이들한테 죽임을 당하기까지 했는데, 이 집안에서 빨갱이가 자라고 있었단 말이냐?"

한국전쟁 때 작은할아버지가 퇴각하던 인민군에 의해 처참하게 돌아가셨다는 이야기는 어려서부터 들었다. 게다가 아버지는 경찰공무원이었다. 학원가와 노동계 등 반정부 세력의 동태를 파악하던 대공과에서 일하신 적도 있었다. 나의 어설픈 커밍아웃이 아버지에게 얼마나 당황스러운 일이었을지 지금 생각해 봐도 어처구니없는 실수였다.

수습은 불가능했다. 아버지는 단호하게 군 입대를 명령하셨다. 맥주 한 잔씩 마시면서 설득과 의논으로 해결하려던 아들의 군 입대 문제는 갈등의 최고조에서 일방적 명령으로 바뀌었다. 불행한 건 내가 그 명령을 따를 생각이 없었다는 것이다. 모든 것이 나의 섣부른 태도 때문이었다.

사실 그 당시 내가 알고 있는 사회주의라고 해봐야, 김일성주의를 추종하는 일부와 결이 다르고, 이른바 '과학적 사회주의'라는 이름으로 치장한, 하지만 구체적이지 않고 추상에 머물러 있던 이상주의의 다른 이름이었을 뿐이다.

책 몇 권 읽고 아버지에게 정면으로 "나는 사회주의자요!" 하고 선언해 버렸으니 그 뒷수습을 어찌해야 할지 당황스러웠다. 결국 빌고 빌어 다음 학기 중에 군 입대를 신청하는 것으로 물러섰다. 2학기에 군 입대를 신청했지만 대기자 수가 많다는 이유로 겨울방학을 맞이했고, 나는 사회학과 학생회장으로 출마하면서 이를 핑계로 자원입대 신청을 철회했다. 결국 나는 총학생회장 임기까지 모두 마친 1994년 12월에야 입대했다.

군 입대 문제는 내 생각대로 됐지만, 그때 아버지를 당황하게 하고 실망감을 드려 죄송하기 그지없다. 스물한 살 철없던 내게는 아버지 세대의 아픔과 시대 인식을 이해하고 공감할 능력이 없었던 것이다. 이제 20여 년의 세월이 흘러 두 아이를 키우는 자리에 서고 보니 그때 내가 얼마나 큰 실수를 했는지 알 것 같다. 내 아이가 스무 살쯤이 되어 내가 감당하기 어려운 이야기를 불쑥 내놓는다면 어떻게 대처해야 할까 생각해보지만 마땅한 답이 없다. 자리를 박차고 나오지는 않을까 걱정이다.

이문열의 책을 화장하는 데 동의할 수 없었다

역지사지(易地思之). 입장을 바꿔 생각해 보는 것은 무척 중요한 자세다. 사람이란 무릇 자기중심성을 존재이유로 삼고 있는 동물이기 때문에 자신의 이해와 요구를 중심으로 세상을 바라본다. 하지만 이 자기중심성 때문에 사람들은 서로 갈등하고 반목하고 오해를 하게 된다. 그러므로 역지사지의 자세는 갈등을 줄이고 분쟁을 종식시키는 큰 힘이 될수 있다.

따라서 역지사지는 정치의 기본자세다. 다른 이의 입장이 되어 생각해 보는 것은 공감을 위한 출발점이자 갈등 조정의 핵심이다.

소설가 이문열 씨가 보수적인 행보를 보이고, 진보·개혁 진영에 대해 이해할 수 없는 행동을 한 적이 있었다. 노사모의 출현에 대해 '홍위병'이라며 색깔론 공격도 했었다. 그의 엉뚱한 발상은 비판받아 마땅하다. 그런데 일부에서 그의 책을 화장(火葬)하는 이벤트를 벌였다. 그의 발언을 반박하고 그의 사고를 비판하는 것을 넘어서서 그의 문학 세계 전체를 모욕하는 것이라고 생각했다. 그래서 선뜻 동의가 되지 않았다. 많은 사람들이 (그의 가치관과 무관하게) 이문열이라는 작가의 문학작품을 좋아하기도 하고 그의 책을 가지고 있다. 이런 사람들에게 이문열 씨의 책을 불사르는 행위는 "당신은 이문열 편인가, 우리 편인가?"라고 묻는 것이 아니었을까 싶다. 이런 경우는 이문열 씨의 잘못된 인식이 확산되는 것을 막기보다, 진보·개혁적인 사람들의 입지를 좁히게 될 수 있다.

상대를 공격하고 비판하다가 상대편과 같은 논리를 반복하게 되는 경우를 우리는 종종 본다. 무조건 객관적이 될 수는 없지만 적어도 상대의 존재를 인정해야 좀 더 나은 결론을 끌어낼 수 있다.

이문열 씨의 발언이 마음에 들지 않는다고 그의 책을 불사르는 행위에 박수를 보낸다면, 보수 인사들이 조정래 씨의 작품 세계가 마음에 들지 않는다며 그의 책을 불사르고, 『태백산맥』의 영화 촬영장에 난입해 폭력을 휘두르는 행위를 비판할 수 있을까?

어떤 문제를 일으킨 사람이 비록 진보 진영 인사라 할지라도 보편적이고 합리적인 기준에서 잘못이 인정된다면 비판할 수 있어야 균형 잡힌 태도다. 문제를 일으킨 사람에 대해 '보수 인사냐 진보 인사냐'라고 편을 가르기 시작하면, 우리는 언제나 그 진영 논리와 흑백논리에 갇혀 한 치도 앞으로 나아가지 못할 것이다.

상대를 인정하는 것, 그리고 자기 자신과 우리 진영을 객관화하려고 노력하는 것, 그것이 우리 사회를 좀 더 나은 사회로 만들고자 하는 진보의 가장 큰 무기가 될 것이다.

의리

_____사람과 세상을 바꾸는 힘

정치에서의 의리

지난 2007년 대선에서 나는 민주노동당의 권영길 후보를 지지했다.

민주노동당원이었으므로 그를 지지하는 것은 당연했지만, 실은 대선 후보 선출을 위한 당내 경선에서부터 그를 지지했다. 단순 지지에 그치지 않고, 적극적으로 경선 캠프에 참여해 활동했다. 경선 결과, 새로운 기대주로 떠오르던 노회찬·심상정 의원을 힘겹게 누르고 권영길 후보가 승리했지만, 본선에서 형편없는 결과를 거두었음을 감안해 보면 권영길 후보는 전투에서 이기고 전쟁에서 진 장수가 되었다.

이때 당내 경선에서 내가 권영길 후보를 지지했던 것에 대해 많은 사람들이 의아해하거나, 동의하지 않거나, 비난했다. 권영길에 반대하는 이유는 다양했지만 크게 두 가지였다. 권영길이 당내 특정 정파의 지지를 받았다는 것, 그리고 그가 새로운 시대의 비전을 제시하지 못했다는 것이었다. 그럼에도 내가 힘을 실어 주는 것은 사사로운 정에 이끌린 선택이라는 비판이었다.

결과적으로 나는 대선 패배의 책임에서 벗어날 수 없는 사람이라는 점을 인정한다. 권영길 후보에 대한 지지율이 2002년 대선 결과는 물론이고 당의 평균 지지율에도 미치지 못했던 것은 당이 더욱더 쇄신하고 혁신해야 한다는 국민의 지엄한 평가였다.

개인적으로 대선에서의 선택으로 말미암아 나는 많은 것을 잃었고 고통스러웠다. 대선 패배가 민주노동당을 분당으로 몰고 간 원인 중 하나였다는 점에서, 그 패배에 책임이 있던 나는 그 고통에서 벗어날 수 없었다. 민주노동당이 분당된 뒤 진보신당을 선택했으나, "권영길을 지지한 놈이 왜 노회찬·심상정의 당에 왔느냐."라는 비아냥거림을 면전에서 듣기도 했다. 정당하지 않은 태도라고 생각했지만, 감정적인 잣대 앞에 합리적인 변명의 기회는 주어지지 않았다.

대선 패배의 결과에 대해 반성하고 책임을 져야 한다고 생각하지만, 권영길을 지지하기로 선택한 것에 대해 후회하지는 않는다. 2008년 총선에서 진보신당 후보로 출마했지만 '분당에 책임 있는 사람으로 2년간 어떤 당직도 맡지 않는다.'는 원칙을 세워 나 스스로 책임을 물었다.

그럼에도 권영길 후보에 대한 선택을 후회하지 않는 것은 (노회찬이나 심상정에 대한 지지라는) 다른 선택을 할 수 없었기 때문이다.

그것은 간단히 말하면 의리(義理) 때문이다. 사람들은 의리라고 하면 이를 우습게 생각한다. 저잣거리 왈짜들의 결사(結社) 방식으로 생각한다. 유치한 행위로 규정한다. 게다가 진보 정치를 한다는 사람의 중요한 정치적 결정의 근거가 겨우 '의리'라니!

그러나 내 생각은 다르다. 의리는 '사람이 취해야 하는 태도'다. 마땅히 갖춰야 할 도리다. 의리는 뒷골목 불량배들이 조직을 운영하는 원칙이기도 하지만, '변혁'이라는 대의를 앞세운 혁명 세력의 기본이어야 한다. 의리 없이 신뢰가 있을 수 없다. 그리고 신뢰 없이 무슨 혁명이고, 무슨 변혁을 말할 수 있겠나.

권영길과 나는 1997년, 허망하게 끝난 대통령 선거의 패배를 짊어지고 진보 정당을 만들겠다고 각오했던 몇 사람 되지 않는 무리에서 함께 일했다. 2007년까지 10년간 권영길을 지켜봤다. 그는 명예롭게 민주노총으로 복귀하거나, 개혁 정권하에서 노동부 장관이든 국회의원이든 자신이 원한다면 출세할 수 있었다. 그러나 이를 마다함으로써 진보 정당 건설의 약속을 지켰다. 함께 시작했던 이들과의 의리를 지킨 것이다. 나 역시 2001년부터 2003년까지 2년 넘는 감옥 생활을 견뎠으며 진보 정당을 건설하고 강화하는 일에 앞장섰다. 그와 나는 말하지 않아도 서로 신뢰하는 사이였다.

2007년 3월, 총선을 준비하기 위해 2년 가까이 수행하던 대변인 직을 사임하고 나자 대선 경선을 준비하던 노회찬 후보와 심상정 후보에게서 각각 연락이 왔다. 대선 캠프에서 함께해 보자고 제안하기 위해서였다. 나는 두 사람에게 각각 똑같은 대답을 했다.

"제가 만일 경선 캠프에 결합한다면, 그건 권영길 캠프가 아니겠습니까?"

두 사람 모두 고개를 끄덕였다.

"하지만 저도 새로운 정치 신인이 등장해야 한다는 사실에 동의하고, 경선에 뛰어들지 않고 제 국회의원 지역구인 강북구에서 열심히 하는 것으로 응원을 대신하겠습니다."

그들을 비롯해 모두가 알고 있었던 것이다. 박용진이 대선 경선에 참여하면 그것은 권영길의 캠프일 것이고, 그것이 박용진의 도리이고, 박용진의 '의리'라는 것을.

나중에 내가 권영길 캠프에 참여하기로 결정한 것에 대해 사람들이 비난하자 인천 지역에서 활동하는 한 후배는 이렇게 이야기했다.

"박용진은 내가 함께 활동해 봐서 잘 안다. 박용진이 권영길을 선택했으니까 박용진인 것이다. 박용진이 노회찬이나 심상정을 선택했다면, 나는 다시는 그를 보지 않았을 것이다. 그건 박용진이 아니니까."

그 후배는 심상정을 지지했다.

나는 의리를 지키고 싶었다. 그 의리를 지키기 위해 어려움이 생긴

다면 기꺼이 감내해야 했다. 10년 넘는 세월이 만들어 낸 신뢰는 어떤 상황이나 변화가 닥쳐도 쉽게 다른 선택을 할 수 없게 만든다. 그것이 의리다. 설혹 패배가 자명한 길이어도 같이 갈 수 있는 사람이 있어야 뒷골목을 주름잡든 세상을 바꿀 수 있다. 그런 '사람' 하나 없이 내가 옳다고 생각하는 '가치'만 부여잡고는 아무것도 변화시킬 수 없다.

사람을 해치는 정치는 진보가 아니다

진보 정치판은 사람을 너무 쉽게 평가하는 경향이 있다.

정치의 일반적 생리일까? 아니면 진보 정당에 만연해 있는 진영 논리, 정파 논리의 폐해일까? 서로 계파가 다르고 생각이 다르다고 상대를 일방적으로 매도하는 경우가 있다.

민주노동당은 2004년 국회의원 10석을 거머쥐며 원내 진출에 성공했지만 환호는 오래가지 못했다. 능동적으로 변화하고 상황을 주도하지 못하면 곧바로 위기가 닥치기 마련이다. 원내 진출 1년 뒤, 조승수 의원이 선거법(〈공직선거법〉) 위반으로 의원직을 상실하게 되자 울산 북구에서 보궐선거가 실시되었다. 이 선거에서 민주노동당은 충격의 패배를 맛봐야 했다. 민주노동당의 본산이라고 할 수 있는 울산의 안방을 한나라당에 내준 것이다. 결과에 책임을 지고 당 지도부가 모두 사퇴했다. 그리고 뒤이은 당 지도부 선거에서 이른바 자주파의 전국적 연합 세력이 당 대표와 당권을 장악했다. 창당 5년 만에 평등파에서 자주파로 당의 권력이 넘어간 것이다. 평등파의 충격은 컸다.

무엇보다 선거 후유증이 만만치 않았다. 부정선거 시비가 벌어졌고, 같은 당에 있기를 포기한 사람들처럼 서로 공격했다. 자신과 정파적 생각이 다른 사람들이 당권을 쥐게 되자 서슴없이 당을 떠나는 상황이 생겨난 것이다.

그 와중에 임동규 당기위원장 임명 사건이 벌어졌다. 자주파 지도부가 당시 당기위원장을 임명하면서 광주·전남 지역 범민련(조국통일범민족연합) 의장을 맡고 있던 임동규 씨를 당기위원장으로 추천한 것이다. 임동규 씨는 박정희 정권 말기에 드러난 반(反)유신 통일 운동 단체인 남민전(남조선민족해방투쟁전선) 사건의 주요 멤버 중 한 명이었는데 그 사건으로 10년을 넘게 복역했다. 민족도장 '경당'을 설립했고, 조선 전통 무예인 24반 무예를 고증해 내고 복원하는 데 앞장선 전설적 인물이다. 그런데 임동규 씨의 노무현 대통령 지지 전력이 문제가 되었다. 2002년 대선 당시 노무현 대통령 후보를 지지하는 광주·전남 지역 재야인사 선언자 명단에 이름이 들어가 있었던 것이다.

당내 평등파 및 당원들의 항의에도 불구하고 자주파 당 지도부가 침묵하는 사이에 한 주 정도가 지났다. 당 게시판에서 비난 수위는 더 높아졌다. 나는 당시 서울 강북구 당원협의회 위원장이었기 때문에 긴급 운영위원회를 열어 "임동규 씨의 당기위원장 추천이 적절하지 않으므로, 지도부가 이를 철회할 것"을 결의하고 당 홈페이지에 이를 게시했다. 내 정치적 판단을 분명히 한 것이다. 하지만 동시에 임동규 씨에게 가해지는 인신공격에는 적극적인 반론을 펼쳤다.

나는 2001년부터 2003년까지 2년 넘게 감옥 생활을 하면서 임동규 씨와 8개월가량 서울구치소에서 만날 수 있었다. 그곳에서도 그는 무예 훈련을 게을리하지 않았다. 서울구치소의 독거 운동장에는 부러진 대걸레 자루가 하나 있었다. 임동규 씨는 그것으로 운동 시간에 검술을 연마했는데, 당시 비리 혐의로 잡혀 왔던 전직 국회의원은 그 막대기로 골프 연습을 했고 나와 단병호 위원장은 모포를 터는 데 사용했다. 막대기나 사람이나 어떻게 쓰이느냐에 따라 운명이 달라진다는 생각을 했었다. 어쨌든 그곳에서 그를 만나 이야기를 나누면서 그의 인생에 대해 관심을 갖게 되었다.

당 게시판에는 '노망난 늙은이'라는 식으로 인신공격하는 표현이 많았다. 이에 대해 나는 "아무리 정파가 다르고, 자주파 지도부가 마음에 들지 않아도 그에 대한 정치적 반론과 공격이 지나쳐 한 혁명가의 삶을 부정하고 짓밟는 것은 용납되어서는 안 된다. 그것은 기본적으로 인간에 대한 예의가 아니다."라고 밝혔다.

평등파이면서, 평등파의 지나친 행동을 비판하고 나서자 이제는 내게 비난이 쏟아졌다. "물타기 하지 마라", "예의를 앞세워 주제넘게 나선

다", "자주파에 붙어먹으려는 기회주의적 태도" 등등의 비판이었다.

진영 논리는 사람들의 이성을 마비시키는 악마적 힘이 있다. 흑백논리의 단순 구조가 사람들을 내 편과 네 편으로 가르고, 공격적이 되고, 상대에 대한 기본적인 배려나 공감 기능을 상실하게 만든다. 진보 정당 안에서 똬리를 틀고 있는 정파 논리는 이런 진영 논리의 가장 극단적인 형태였다.

사람이 중심이어야 한다. 정치적 판단에 앞서 사람이 먼저 고려되어야 한다. 인간에 대한 예의는 지켜져야 마땅하다. 자기주장을 관철하기 위해 사람에게 상처를 주는 일은 진보와 아무 관계가 없다.

진보판 표적 공천

나는 민주노동당을 탈당하고 진보신당 후보로 2008년 총선에 출마했는데, 이때 민주노동당을 장악하고 있던 자주파는 이해할 수 없는 정치적 행보를 했었다. 내가 출마한 서울 강북구(을) 선거구에 민주노동당 후보를 낸 것이다. 지역에 연고도 없고, 당연히 지역 활동을 한 적도 없는 사람이었다.

당시 민주노동당은 여성 후보가 일정 비율 이상 출마하면 국고보조금을 지원받게 될 뿐만 아니라, 민주노동당에 대한 정당 투표를 높이기 위해 어쩔 수 없었다고 대외적으로 그 이유를 밝혔지만, 서울의 48개 지역구 중 유독 박용진·김종철·신장식 등 진보신당으로 당적을 옮긴 젊은 차세대 진보 정치인들의 지역구에 민주노동당 후보가 출마했던 것이다. 서울 지역구 대부분에 민주노동당 출마자가 없었음을 생각하면 분당에 대한 일종의 응징 행위였기에 진보판 표적 공천이라 불렸다.

조악한 진영 논리와 정파 논리의 결과였다. 지역 주민들은 진보 정치의 분열을 못마땅해했고, 자기 눈앞에서 벌어진 희한한 정치 상황에 실망했다. 진보 정치를 한다는 사람들도 기존 정치인들과 똑같다는 생각을 하게 된 것이다. 내가 11.8퍼센트, 민주노동당 후보가 2.3퍼센트를 득표했지만, 유례없는 진보 정당 간 경쟁을 보며 투표를 포기한 사람들이 훨씬 더 많았을 것이다. 지금 생각해 봐도 지역구 주민들에게 면목 없는 일이고, 진보 정치의 밑바닥을 보여 준 부끄러운 일이었다.

기본적으로 서로에 대한 예의와 의리가 있었다면 최소한 이런 행동은 없었을 것이다. 남아 있던 민주노동당 당원들에게 탈당과 분당 사태는 뼈아픈 것이었겠지만 이런 식의 정치 행위로 얻을 수 있는 것은 아무것도 없었다.

이 일이 있고 1년도 되지 않아 제기된 민주노동당과 진보신당의 재통합 논의가 진지한 반응을 얻지 못한 것은 당연했다. 1년을 넘게 끌던 진보 양당의 통합이 좌절된 데에는 '민주노동당 자주파를 믿을 수 없다.'는 진보신당 당원들의 뿌리 깊은 불신이 있었다는 점을 알아야 한다. 그래서 예의와 의리가 필요하다. 세상을 변화시키는 힘은 사람에게서 나온다. 사람과 사람을 연결해 주는 것은 사상적 동질성만이 아니라 서로에 대한 신뢰다.

　나는 진보 정치가 국민들에게 뭔가 세련되고 진취적이며 매력적인 모습으로 비춰지길 바란다. 그러기 위해서는 정파적 규정을 벗어나 사람에 대한 따뜻한 시선을 가져야 하고, 정파적 태도가 아니라 의리를 소중하게 여기는 자세가 필요하다고 생각한다. 세상을 감동시키는 정치는 의외로 작은 것에서부터 시작하는 것이다.

정치

_____치어리더

정치는 갈등의 조절자인가, 혁명의 방해자인가

정치의 역할은 사회적 갈등을 체제 안에서 조율하는 데 있다. 다시 말해 정치는 사회적 조정 기능을 의미한다. 정치의 이런 기능 때문에 의회정치, 제도권 정치, 정당정치는 기본적으로 반체제적인 기획과 도전에서 비판되어야 할 대상이자 방해물 취급을 받는다. 예컨대 진보 정당의 건설 과정 자체가 바로 이런 반정치적 기류와 갈등해 온 과정이었음을 상기하면, 체제에 대한 근본적 기획을 갖고자 하는 이들에게는 정치란 본질을 흐리는 어떤 것으로 보일 수밖에 없을 것이다. 출구를 찾지 못한 사회적 불만이 자꾸 쌓여 (과열된 엔진이 터지듯) 폭발해야 혁명이 일어난다고 생각하는 이들에게, 갈등을 조절하는 정치의 기능이란 (엔진을 툴툴거리며 작동시키는 것에 불과한) 혁명의 방해물일 뿐이다.

정당에 대한 헌법적 기대

변혁 세력이 정치의 기능에 대해 반대하고 비판했던 것과는 다른 이유에서 대한민국 국민들은 정치에 대해 불만이 있다. '현행 정당정치에 대한 불신'이라고 해야 더 정확한 표현일 것이다.

대한민국은 정당 민주주의 체제를 채택했고 정당에 내한 각종 보호 조치를 법률적으로 보장하고 있다. 국민들의 일정한 지지를 얻게 되면 한 해 350억 원(선거가 있는 해에는 두 배로 늘어난다)에 이르는 국고보조금을 받을 수 있다. 국민의 혈세로 정당에 보조금을 지급하는 것은, 사회적 갈등을 해소하는 (정당)정치의 기능이 올바르게 작동되기를 기대하며 이를 헌법적 차원에서 보장하기 때문이라고 이해할 수 있다.

그러나 한국의 정당정치가 이런 헌법적·국민적 기대를 충족했던 적은 별로 없는 것 같다. 정당들은 '정권 획득을 목표로 하는 집단'이라는 사전적 의미에만 충실했지, '사회적 갈등 해소를 위한 의견 조율 기관'이라는 기능적 의미에서는 제 역할을 하지 못했기 때문이다.

일자리·주택·의료 문제 등에서 소수의 힘센 사람들에게만 유리한 규칙이 적용되어 대다수 약자들의 불만이 고조되고 갈등이 발생한다면 정당은 이 문제를 해결하기 위해 나서야 한다. 그런데 한국의 정당들은 이런 문제에 대해 모르쇠를 잡거나, 알더라도 처리를 미루거나, 처리하더라도 미봉책에 그치는 경우가 많다. 심지어 기득권 세력에 손해가 되지 않도록 하기 위해 애를 쓴다.

정치의 대다수 수요자인 일반 국민들을 소외시킬 수 있는 이 같은 정당의 태도는, 광범한 국민들로 하여금 정치의 갈등 조절 기능에 대해 의구심을 갖게 함으로써 결국 정당정치에 환멸을 느끼거나 무관심하게 만든다.

그러나 정당정치에 대한 환멸과 무관심은 기존 정당정치 세력이 원하는 바다. 일반 국민들이 정치를 불신해 선거에 불참하면, 그들은 자신들이 동원 가능한 투표 집단만으로 선거를 치르면서도 그 결과를 국민적 선택의 결과라고 치장하며 정치사회적 기득권을 유지하기 때문이다. 총선 투표율이 고작 40퍼센트대에 불과한 한국 정치의 현실은 정당정치에 대한 국민적 불신을 고스란히 보여 주는 증거이자, 기존 정당정치를 유지시켜 주는 강력한 토대이기도 하다. 이 역설이 한국 정치의 비극이다.

보수 양당 정치 : 진보 정치의 좌절, 제도적 한계

따라서 그것이 안철수 돌풍이든 진보 정당 창당 초기에 국민들이 가졌던 열광적 기대든, 그런 현상을 낳게 하는 동력은 계속되는 정당정치 바깥의 불만이 그 출구를 찾으려는 움직임이라고 이해해야 한다. 정치를 불신하는 대다수 국민들도 선거 보이콧은 대안이 되지 못한다는 것을 알고 있다. 개별 시민은 힘이 없지만 기대를 받을 만한 인물이나 세력이 등장해 개별 시민들의 지지가 한곳에 집중된다면 강력한 변화의 힘이 만들어질 수도 있다. 한국 정치사에서 끊임없이 제3 세력, 혹은 제3의 인물을 희구해 왔던 것은 바로 이 빈 공간을 찾아 퍼즐을 맞추는 과정이었다.

진보 정치와 진보 정당은 바로 이 정치 불신의 본질을 '노동자가 소외된 정치의 필연적 결과'로 규정하고, 그 노동 소외 현실을 (한 개인에 대한 열광과 기대가 아닌) '노동자 정치 정당'이라는 이념과 노선, 집단적 힘으로 넘어서려는 거대한 실험이었다.

이 실험이 한계에 부딪히게 된 것은 현재의 정치제도가 제3 세력의 성장을 가로막고 있고, 진보 정당이 기존 정치체제의 틀을 넘어서려고 노력하기보다는 그 안에 안주하려는 것으로 보였기 때문이다.

모두가 알다시피 국회의원 선거에서 1등만 당선되는 소선거구 제도는 양당 체제를 낳는 경향이 있다. 득표율이 50퍼센트를 넘지 못하더라도 1등만 당선되기 때문에 유권자는 1위를 다투지 못할 정당과 인물에게 표를 주지 않는다. 당연히 제3 세력의 원내 진출에는 한계가 있게 마련이다. 정당에 투표하고 이를 바탕으로 비례 후보를 선출하는 제도가 있기는 하지만, 여기에 할당된 의석수가 너무 적다. 진보 정당인 민주노동당이 처음 원내 진출에 성공했던 2004년 선거에서 정당 득표율은 13.1퍼센트였지만 원내에 진출한 국회의원은 10명에 그쳤다. 국회의원 의석이 299석이니 13.1퍼센트를 적용하면 최소 33석 정도는 되어야 하는데, 그 3분의 1에도 미치지 못했다. 국민의 지지가 의석수로 정확히 반영되지 않는 제도적 한계가 여실히 드러난 것이다. 마찬가지로 결선투표 없이 치러지는 현행 대통령 선거 방식 또한 양당 체제와 친화적이다. 그 결과 제3의 정치 세력이 설 자리는 점점 줄어들고, 사실상 집권 가능성이 없다고 여겨지는 정치 세력에 대한 국민적 기대와 열망은 줄어들 수밖에 없는 것이다.

현실에서는 꿈에 불과한 선거법 개정

이 때문에 진보 정당들은 선거제도의 개혁을 강력하게 요구하고 있다. 적어도 독일식 정당 명부 비례대표제를 도입하자는 것이다.

독일의 경우 지역대표와 비례대표가 각각 의회에서 50 대 50으로 구성되어 있지만, 각 정당의 지지율만큼 국회 의석을 정확하게 나눠 준다. 가령 독일 의회의 의석수가 5백 석이라고 가정하고 정당 투표에서 지지율 20퍼센트를 차지한 정당이 있다고 하자. 20퍼센트의 지지율을 의석수로 반영하면 1백 석이다. 이때 지역구 당선자 수가 30명이었다면, 비례대표에서 70석을 보장하는 것이다. 결과적으로 (소선거구제로 인해 지역구 당선자가 적더라도) 그 정당의 가치와 주장, 정책 노선을 지지하는 국민들의 지지율만큼 의석수가 반영되기 때문에 정책 정당, 진보 정당들이 자립할 가능성이 높다.

하지만 선거제도를 개혁하는 일이 호락호락하지 않다는 것이 문제다. 진보 정당들은 선거제도 개혁이 전체 국민에게 이익이라고 생각하지만 선거법 개정을 일방적으로 밀어붙인 적은 없다. 게임의 규칙을 만드는 것이므로 참가자들의 의견이 합의를 이뤄야 하기 때문이다. 민주당의 경우 선거법 개정을 당론으로 하고 있지만 구체적인 논의로 들어가면 어떤 입장을 보일지 모른다. 게다가 한나라당은 결사반대하고 있다. 따라서 현재와 같은 국회에서는 진보 정당이 꿈꾸는 선거법 개정은 그야말로 꿈에 불과하다.

10년이 넘는 진보 정당 독자 노선이 일정한 한계에 부딪혔다면, 고민의 방향을 달리할 수는 없을까? 안 되는 줄 알면서 우직하게 가는 '우공이산'(愚公移山)의 정신이 반드시 옳은 것일까? 대를 이어 산을 옮기는 일은 우직함의 표본으로 칭송될 수 있겠으나, 정치는 당장의 문제를 해결하는 열쇠 역할을 해야 한다. 제 기능을 하지 못하면서 지지자들 혹은 기대를 가진 사람들에게 더 참고 기다려 달라고 해서는 안 된다.

선거법을 개정해 독일식 선거제도를 도입해야 진보 정당이 자립할 수 있다면, 그것을 가능하게 할 정치 구조를 만들 필요가 있다. 선거법 개정이 가능해질 때까지 현행 양당 체제 안에서 '민주·진보 연합 정당'을 구성하는 것은 어떨까. 진보 정당이 10석 이내의 소수 의석 정도와 현실 정치에서의 무기력함을 넘어서서 집권 가능성을 열기 위한 장기적 구상을 실현하는 것이다.

진보 진영과 민주·개혁 진영이 연합 정당을 결성해 한나라당의 수구·보수 세력을 TK(대구·경북) 지역당으로 위축시키면 한나라당이 먼저 선거법 개혁을 제안하고 나올 것이다. 자신들의 지역적 한계를 넘어서기 위해서라도 전국 단위 비례대표 의석수를 늘려야 하기 때문이다.

진보 정치의 새로운 10년 전략

진보 정치가 자신보다 덩치가 큰 자유주의 정치 세력과 연합하면 정체성을 잃고 흡수·폐기될지 모른다는 우려가 있다. 그러나 그 우려는 막연한 걱정의 수준일 뿐 명확한 근거에 바탕을 둔 것이 아니다. 심지어 같은 자유주의 정치 세력인 국민참여당과 함께하겠다면서, 덩치만 다를 뿐인 민주당과는 안 된다고 말하는 것은 일관되지도 못하고 근거도 박약하다.

게다가 함께 만드는 연합 정당에서는 '정파 등록제'를 통해 각자의 정체성을 유지하고 재정·조직 운영권의 독립성을 보장받는 내부 조직체로 존속될 것을 인정한다. 그럼에도 근거 없는 우려 탓에 연합 정당 노선을 검토하지도 않는 모습이 무척 안타깝다.

나는 지금처럼 독자 집권이 아예 불가능한 현실을 넘어서기 위해서 중·장기적인 연합 정당 노선을 진보 정치의 새 노선으로 삼자고 주장한다. '연합 정당'을 통해 '연립정부'를 수립함으로써 국가 운영에 참여하고, 진보 정치가 독립적으로 정권을 운영할 수 있는 실력을 키운다. 그리고 선거법을 개정해 '독자 정당'이 집권할 수 있도록 하는 것을 '진보 정치의 새로운 집권 전략'으로 제시한다. 이것이 '노동 존중 복지국가'를 만들어 가기 위한, 진보 정치의 새로운 10년 전략이다.

'치어리더'의 삶으로서 정치인

누군가가 내게 "정치인이란 무엇인가?"라고 묻는다면, 주저 없이 "우리 사회의 치어리더다."라고 답할 것이다. 야구장에 앉아만 있는 구경꾼들과, 이들이 신나게 응원할 수 있도록 응원단장이 격동시켰을 때의 사람들은 전혀 다르다. 구경만 하는 사람들은 그저 선수의 경기를 보며 감탄하거나 안타까워하며 한두 마디의 평가를 내놓을 뿐이다. 그러나 '치어리더'가 있는 관중석의 사람들은 다르다. 그들은 자신의 응원을 통해 경기의 결과를 바꿀 수 있다. 그들은 야구장의 10번째 선수다.

정치와 정치인의 역할도 마찬가지다. 사람들과 사회의 에너지를 한 곳으로 집중하거나 적절하게 분산해서 사람들이 품고 있는 꿈과 희망을 실현해 가는 것이다. 그렇기에 정치는 기본적으로 '분노'의 기제가 아니라 '화합과 연대'의 기제다. 분노는 격렬한 에너지를 모을 수 있지만 이를 창조의 힘으로 전환하지는 못한다. 분노를 창조의 에너지로 바꾸는 일이야말로 정치의 역할이다.

우리 사회 구성원들에게 새로운 희망을 제시하며 에너지를 모아 내는 일, 마치 응원단장처럼 모두가 자리에서 일어나 땀 흘리며 응원할 수 있도록 격려하는 일이 정치인의 역할이다.

그러면서 잊지 말아야 할 것이 있다. 바로 전체 대열에서 낙오해 힘들어하는 이들에 대한 공동체적 배려다. 그 배려는 '선의의 베풂'이 아니라 '시민의 권리'이고 '공동체의 의무'의 발로여야 한다는 것 또한 기억해야 한다.

『논어』는 이렇게 말한다. "나라와 가정에 책임 있는 자는 부족한 것을 걱정하지 않고 고루 나눠지지 못하는 것을 걱정하며, 가난한 것을 걱정하지 않고 편안하지 못한 것을 걱정한다"(不患寡而患不均 不患貧而

患不安,『논어』계씨 편).

　사회 구성원이 갖고 있는 창조의 에너지를 한데로 모아 내는 것, 구성원 및 계층 사이에서 기회의 균형과 평등을 유지하는 것. 정치와 정치인의 역할은 바로 여기에 있다.

역사와 민심

"역사 없는 지혜는 잔꾀로 흐르고, 민심 없는 정치는 술수로 흐른다."

　이 구절을 처음 본 것은 1989년 지하철 안에 붙어 있던『임꺽정』(홍명희 지음, 사계절출판사) 광고였다. 참 깊이 있고 훌륭한 말이라는 생각이 들었다. 그 뒤에 내가 성균관대학교 총학생회장으로 당선될 때 우리 캠프가 만들었던 정책 노선 자료집의 제목도 이 말을 줄인『역사와 민심』이었다.

　그 말의 힘이 워낙 커서 머릿속에 담아 두었다가 민주노동당 대변인 시절 논평과 브리핑에 썼고, 진보신당 부대표 출사표에서도 인용했다. 나중에 출판사에 확인해 책 속 인용문이 아니라 광고 카피였음을 알았는데, 비루한 우리 정치의 모습에 대한 날카로운 일침이라고 생각했다.

　정치에 환멸을 느끼는 사람들은 정치라는 단어에서 부당함과 반칙, 특권, 꼼수를 떠올린다. 그러나 돌이켜 보면 환멸의 대상이 될 만한 일을 했던 정치와 정치인은, 반드시 국민들의 심판대에 섰고 결국 퇴출되었다. 마음속으로는 다른 생각을 품고 있으면서도 시류에 영합하거나 단순한 잔재주로 상황을 모면하려는 얕은 정치도 금세 제자리를 잃기 마련이다.

결국 '역사와 민심'을 잃어버린 정치와 정치인은 '잔꾀와 술수'로 치닫고 만다. 잔꾀와 술수가 오래갈 리 없다. 정치에는 새로운 사회를 열겠다는 정치인의 비전이 담겨야 하고, 구성원 전체의 열망을 모아 내는 열정이 있어야 한다. 내가 20여 년을 함께해 왔던, 진보 정당 독자 노선을 통한 진보 정치 실현의 꿈이 일정한 한계에 부딪혔다. 안타깝지만 현실을 받아들이고 더욱 과감하고 큰 공간을 열어 가고자 한다. 아직 많은 이들이 함께하고 있지는 않지만 변화에 대한 국민들과 노동자들의 열망을 모아 낼 수 있는 공간을 열 것이다. 역사와 민심의 편에 서서 통합 정치의 길로 가는 것이다. 노동 존중 복지국가를 실현하는 길로 가는 것이다.

김진숙의 생환을 생각한다

김진숙 지도위원이 2011년 11월 10일, 무려 309일 동안의 크레인 농성 끝에 무사히 돌아왔다. 죽어서가 아니라 살아서 85호 크레인을 내려가기 위해 매일 내려가는 연습을 했다던 그다. 정리 해고를 완전히 철회하는 대신 1년 후 재고용하겠다는 조건이 붙은 부분적인 승리이지만, 그가 살아 돌아온 것은 무척 고마운 일이다.

85호 크레인의 의미를 아는 사람은 다 안다. 2003년 같은 크레인에서 '황소 같은 사내' 김주익 지회장이 129일 농성 끝에 스스로 목숨을 끊고 시신이 되어 내려왔을 때, 그를 동생처럼 아꼈던 단병호 당시 민주노총 위원장은 85호 크레인 조종석에서 김주익이 농성했던 한 평 공간, 그의 시신이 누워 있던 한 평 공간을 움켜쥐고 대성통곡을 했다. 늙은 노동자 단병호가 "주익아, 주익아."라고 외치며 목 놓아 울었을 때, 이 땅의 노동사들과 진보 신영도 함께 울었다.

지난겨울 김주익의 동지이자 한진중공업 해고자인 김진숙 민주노총 부산본부 지도위원이 몇 년 만에 해보는지 모른다는 통 목욕을 하고 85호 크레인에 올랐다는 소식을 들었을 때 나는 불길한 예감에 몸을 떨어야 했다. 그리고 무기력한 진보 진영과 잔인한 한진 자본에 절망했다.

하지만 그는 희망버스와 온 국민의 응원과 도움으로 천신만고 끝에 살아 돌아왔다. 그가 크레인 위로 올라갔다는 소식을 전해 듣고 나처럼 불길한 예감을 가졌던 이들 모두에게 김진숙의 귀환은 '생환'(生還)이다.

1990년 현대중공업 노동자들은 자신들의 자존을 지키고 민주 노조를 사수하기 위해서 미포만의 골리앗 크레인에 올랐다. 그때 그들이 지상으로 내려 보내는 "골리앗으로부터의 편지"에는 "저 땅 위에 내려가 다시 노예처럼 사느니 차라리 이곳에서 죽겠다."라고 써있었다. 당시 대학 1학년생이었던 나는 그 쪽지에 담긴 한없는 절망과 싸우고, 그 노동자들을 응원하기 위해 가두 투쟁에 처음으로 참여했다. 나뿐만 아니라 수많은 대학생과 시민이 민자당 창당일인 5월 9일에 거리로 쏟아져 나왔고, 울산으로 지원 투쟁을 나갔다.

그 뒤 20년도 넘는 세월이 지난 오늘, (지금은 회사 측에 의해 철거되었지만) 영도 바닷가에 솟아 있는 85호 크레인에서는 김진숙이라는 이름의 노동자가 309일의 지루한 항전을 치러 냈다. 그는 종이쪽지가 아닌 트위터를 통해 땅 위의 사람들에게 말을 걸었다. 그가 날린 트윗에 담긴 한없는 절망과 싸우고, 그를 응원하고자 사람들은 희망버스를 탔다.

자존감을 지키기 위해 목숨을 걸고, 절망과 싸우기 위해 크레인을 올라야 하는 이 땅 노동자들의 처지는 그때나 지금이나 조금도 달라지지 않았다. 오히려 더 비참하고 힘겹다. 희망이 있다면 그들이 건네는 쪽지와 트윗에 '연대'로 화답하는 깨어 있는 시민들이 있다는 것뿐이다.

언제까지 노동자들이 자기 이야기를 좀 들어 달라고, 인간으로서의 존엄을 지킬 수 있도록 도와 달라고 호소하기 위해 이렇게 크레인을 올라야 하는가? 언제까지 평범한 이 땅의 가장들이 가족을 지키기 위해 목숨을 걸어야 하는가? 사회 갈등의 조정자 역할을 한다는 '정치'는 어디에 있는가? 그 이름이 진보 정치든 개혁 정치든 그 무엇이든 간에, 노동자들에게 밥이 되고 그늘막이 되어야 하는 정치가 제 역할을 다하지 못한다는 현실이, 노동자들로 하여금 크레인을 오르게 하고 있고 목숨을 걸게 하고 있다.

노동자가 아니라 정치가 목숨을 걸어야 할 때

모두가 통합 정치를 이야기하고 정권 교체를 이야기한다. 나 역시 공감한다. 그러나 정권이 바뀌어도 크레인에 올라야 하는 노동자들의 삶이 바뀌지 않는다면, 그 정권 교체는 가짜 정권 교체다. 민주 정부 10년 동안에도 크레인을 올라야만 한 노동자가 있었고, 숱한 노동자들이 감옥에 갔다는 사실을 국민들은 기억하고 있다.

2012년 정권 교체는 정권의 얼굴을 바꾸는 데 그치는 것이 아니라, 대한민국의 밑바닥부터 교체하는 진짜 정권 교체가 되어야 한다. 노동자들이 존중받는 사회가 되어야 한다. 더는 크레인에 오르는 노동자가 없어야 한다. 그것이 가까스로 생환한 김진숙이 다시 목숨을 걸지 않게 하는 일이고, 제2, 제3의 김진숙이 생겨나지 않게 하는 일이다.

진보 정치 세력도, 민주 정부 10년의 정치 세력도 힘을 합쳐 진짜 정권 교체를 이뤄 내지 못하면 모두가 죄인이 될 것이다. 김진숙의 309일 투쟁과 극적인 생환은 비루한 정치에 내려치는 노동자의 죽비다. 이제는 노동자가 아니라 정치가 목숨을 걸어야 한다.

정치, 그리고 정치자금

버락 오바마 미국 대통령은 2008년 대선 당시 막강한 자금력을 자랑했다. 변화와 희망을 슬로건으로 내걸었던 그는 부시 정권 8년에 정나미가 떨어진 미국 국민들의 엄청난 호응을 얻으며 선거 캠페인을 이어갔다. 당내 경선에서 막강 화력의 힐러리 클린턴을 제압한 그에게 정치자금도 대거 몰려들었다. 눈에 띄는 것은 정치 후원금의 많은 부분이 소액 다수 결제였다는 점이다.

2008년 미국 민주당 대선 후보 경선 당시 버락 오바마 후보는 인터넷을 통해 150만 명으로부터 2억6,500만 달러를 모금했다. 이 중 무려 47퍼센트가 2백 달러 미만의 소액 후원금이었다. 2002년 미 연방의회는 '소프트 머니'(기업이나 단체가 정당에 제공하는 후원금)를 금지하는 매케인-파인골드 법을 통과시켰다. 자본가들이 직접 정치권에 돈을 기부하는 것을 제한하고, 일반 시민이 개별 정치인에게 기부할 수 있는 2천3백 달러 이하의 '하드 머니'만 허용했다. 대신에 비영리·비정부기구의 창구를 거쳐 무제한으로 기금을 모아 특정 후보자에게 제공할 수 있도록 했다. 오바마와 본선에서 맞붙게 된 상대인 존 매케인의 개혁 법안이 오바마에게 유리하게 작용했다는 것은 재미있는 일이다.

오바마는 대중의 정치적 지지를 재정적 후원으로 전환하는 데 성공했다. 특히 미국 정가에서 흔한 자금 모금 집회 형식이 아니라, 웹을 통한 모금으로 큰 성과를 거뒀다. 보통 수천 달러에서 수만 달러까지 값이 정해져 있는, 유력 정치인과의 저녁 식사 모임에 부부 동반으로 참석해 사진을 찍는 것이 미국의 일반적인 모금 풍토였던 데 반해, 오바마의 방식은 혁신적이고 대중적인 것이었다.

그 결과 오바마는 정치자금에 쪼들리던 힐러리 클린턴과 매케인을 각각 경선과 본선에서 완전히 압도했다. 특히 본선 마지막 무렵에 무려 30분이나 되는 해설식 광고를 제작해, 7백만 달러를 주고 NBC, CBS, MSNBC, FOX, BET, TV One, 유니비전 등의 황금시간대에 내보냈다. 이 광고를 본 사람은 3천3백만 명이나 되었다. 이는 당시 최고의 인기를 구가하던 ABC 방송사의 〈댄싱 위드 더 스타〉(Dancing with the stars) 시청자 수의 거의 두 배였다고 한다. 이 정치 광고로 공화당의 매케인 캠프는 심리적으로 자포자기하는 상태로 몰렸다. 기가 질렸을 것이다.

그럼에도 오바마 역시 월가나 유력한 기업의 CEO들에게 손을 벌려야 했다. 오바마는 자신의 두 번째 책 『담대한 희망』에서 정치 후원을 당부해야 하는 자리에 가는 것에 대한 껄끄러움을 밝힌 적이 있다. 그도 사람인지라 남에게 아쉬운 소리를 하는 것, 심지어 돈을 요구해야 하는 상황이 누구 못지않게 싫었던 모양이다.

우리나라에서도 정치자금으로부터 자유로운 정치인은 많지 않을 것이다. 정치를 할 만큼 재산이 충분한 정몽준·박근혜 의원 정도를 제외하면, 대부분의 정치인들에게 이 문제는 만성 두통거리다. 현직 정치인들은 그나마 좀 낫다. 아니, 현직은 아니지만 어쨌든 한 번이라도 국회의원에 당선된 적이 있거나 정부 관료로 입각했던 정치인이라면 주변에 손을 벌리기가 어렵지 않다. 나처럼 본격적인 활동을 해보지 못한 '예비' 정치인이 문제다. 재산도 없고, 부모님에게 물려받을 것도 없는데다가 주변에 손을 벌리는 것도 한계가 있기 때문이다. 무엇보다도 손을 벌릴 때 상대편에게 '당신은 지금 제법 유력한 사람에게 정치적 투자를 하는 것'이라는 점을 확실하게 전달할 수 있어야 하는데, 그마저 쉽지 않기 때문이다.

민주노총에 대한 서운함

지금 우리나라에는 10만 원 이하 소액 후원에 대해 세액공제를 통해 전액 환급하는 정치 후원금 제도가 있다. 월급쟁이들이 적극적으로 참여해 맑은 정치를 만들어 보자는 취지에서 시작되어 어느 정도 자리도 잡혔다. 세액공제 제도 때문에 아무래도 월급쟁이들이 참여하기가 수월하고, 따라서 노동조합의 지원을 받는 정치인들에게는 꽤 힘이 되는 제도다.

그러나 나는 민주노동당 시절이나, 진보신당 시절에도 이 제도를 통한 노동조합 측의 지원을 별로 받지 못했다. 민주노총은 자기 노조의 조합원이 아니면 진보 정당 후보라도 '민주노총 후보'가 아닌 '지지 후보'로만 규정했다. 민주노총 후보로 지정되면 기탁금 등의 금전적인 지원뿐 아니라 인적 지원까지 이뤄지지만 '지지 후보'에게는 별다른 지원이 없다. 그래서 어떤 이들은 조합원 자격을 획득하기 위해 (사실상 특정 사업장에 가입되어 있지 않아도 되는) '일반 노조' 혹은 '일용직 노조'의 조합원으로 등록하는 해프닝을 벌이기도 했다. 이른바 '서류상 노동조합원'인 것이다.

내게도 그런 권유가 있었지만 그렇게까지 편법을 써가며 지원받고 싶지는 않았다. 그러니 민주노총의 공식적인 지원도 불가능했고, 노동운동 출신도 아닌 내가 노동조합의 지원을 받기는 어려웠다. 세 차례의 구속 모두 민주노총 혹은 노동운동과 관련되었던 나로서는 이 같은 민주노총의 기준이 섭섭하기는 했지만 어쩔 수 없었다. 노동운동이 정치운동에서마저 조합주의 운동이 되고 있는 듯해 씁쓸할 뿐이었다.

그럼에도 나는 2008년 법으로 정해진 약 1억5천만 원의 정치 후원금 한도액의 대부분을 10만 원 세액공제로 채웠다. 인원수로 치면 1천5백 명에 가까운 사람들이다. 선거관리위원회(이하 '선관위') 직원이 제출된 서류의 명부를 보고 혀를 내둘렀다는 후문도 있었다. 대부분 주위의 지인들이거나 초·중·고등학교 및 대학 동문들이었다. 자금을 마련하느라 주변에 두루 민폐를 끼쳤고, 선거운동에 쓸 수 있는 시간이 줄었다는 것을 의미하기도 한다.

이들에게 2008년 민주노동당에서 분당해 진보신당이라는 낯선 정당의 이름으로 출마하는, 당선 가능성 '제로'의 후보를 후원한다는 것이 어떤 의미인지 확인해 본 적이 없다. 그들에게 일일이 전화해서 사의를 표한 적도 없다. 그들의 소리 없는 응원은 내 어깨를 무겁게 하지만, 든든한 힘이기도 하다.

2008년, 버락 오바마나 나나 소액 다수 방식의 정치 후원을 선호하고 실천했다. 하지만 오바마는 변화와 희망을 이야기하고 실천했으며, 나는 진보 정당 분당과 분열의 한복판에서 아무런 미래 지향을 보여 주지 못했다. 당선 가능성이 없는 후보에게 기꺼이 후원해 줬던 많은 이들을 생각해서라도 나는 진보 정치인답게 새로운 변화와 희망을 이야기할 수 있어야 한다. 나는 지금 민주·진보 진영의 분열과 대립을, 통합과 연대의 흐름으로 엮어 내서 한나라당 수구 세력의 재집권을 막기 위해 고군분투하고 있다. 이와 함께 2012년 총선에서 승리하는 것이 민주·진보 진영의 승리와 맞닿고, 대통령 선거에서의 승리에 일조할 수 있음을 보여 주고자 한다. 그것이 지난 20년간 진보 정치라는 힘겨운 길을 통해 세상에 제시한 노동 존중 복지국가, 사람이 함께 살아가는 대한민국을 만드는 길이며, 오랫동안 소리 없이 나를 응원해 주고 있는 고마운 사람들에 대한 예의라고 생각하기 때문이다.

전환

역린

2010년 6월 지방선거 투표일을 며칠 앞두고 야권 후보 단일화 여론에
시달리던 심상정 진보신당 경기도지사 후보가 전격 사퇴했다. (사실상
민주당 김진표 후보를 누르고 단일 후보가 되어 있었던) 유시민 당시 국민참
여당 후보를 지지하고 당의 후보직을 사퇴한 것이다. 진보신당 내부는
벌집을 쑤셔 놓은 것처럼 난리가 났다. 심상정 후보의 행동을 맹비난하
는 사람들뿐 아니라 그를 당기위원회에 제소해 벌을 줘야 한다고 생각
하는 사람, 당으로부터 지원받은 선거 자금을 모두 돌려받아야 한다고
주장하는 사람들도 있었다. 결국 심상정 후보는 선거 이후 당기위원회

에 제소되어 경미하지만 '유죄' 평결을 받기까지 했다.

국민적으로는 대승적 결단으로 평가되고 환영받았던 심상정 후보의 사퇴가 당 내부에서 엄청난 진통을 겪어야 했던 것은, 이른바 '민중의 독자적 정치 세력화'라는 오랜 진보 정치의 화두 때문이다.

그동안 진보 정치의 독자성은 두 가지 측면에서 유지되었다. 하나는 한나라당뿐 아니라 보수 야당으로 불리던 민주당 등의 자유주의 정치 세력과도 분별 정립되는, 법적 독립성을 갖는 '독자 정당'을 유지하는 것이다. 다른 하나는 진보 정치의 정체성을 대중적으로 보여 주고 독자 정당을 유지·발전시키기 위한 '독자 후보 전술'이었다. 당의 정책과 정체성을 대중적으로 각인하기 위해 당의 후보는 무조건 모든 선거에 출마해야 했다. 사퇴 없이 완주하는 것은 의무이자 당연한 일이었다.

그런데 심상정 후보의 경기도지사 후보 사퇴는 진보 정치의 독자성을 유지하는 두 축 가운데 하나인 독자 후보 전술을 무너뜨렸기에 당내에서 반발이 거셌던 것이다. 진보 정치의 역린(逆鱗)을 건드린 셈이다.

당시 내 지역구인 서울 강북구에서 구의원으로 출마한 두 후보를 지원하는 데 여념이 없었던 나는 심상정 후보의 사퇴 소식을 듣고 충격을 받았다. 나 역시 진보 정치 세력의 오랜 원칙이었던 '사퇴 없는 후보 전술'을 신줏단지처럼 생각하던 사람이지만, 막상 그의 선택을 보면서 드는 생각은 달랐다.

무너진 '노·심 쌍포' 전술

'아, 이렇게 하는 방법도 있구나!'

진보 정치의 존재감을 드러내기 위해서 당락과 관계없이 완주하자는 단순한 원칙은 상황에 따라 달리 적용되는 것이 옳다. 심상정 후보가 사퇴했다고 진보 정치의 존재감이 사라지는 것이 아니었다. 오히려 그의 선택으로 당시 국민적 열망이었던 '반(反)이명박 응징 투표'의 가치가 살아나면서, 그 길을 연 심상정과 진보신당의 존재감은 주목받았다. 당선 가능성은 전무한데 온갖 상처와 부담만 남기며 선거를 완주하는 대신, 진보 정치의 존재감을 드러내고 다른 가능성을 열 수 있다면 그 길을 선택할 수 있는 것이다.

돌이켜 보면 똑같은 상황에서 심상정 후보와는 달리 완주를 선택한 노회찬 서울시장 후보는 3.26퍼센트의 지지를 받았지만 노회찬 후보가 받은 지지율보다 훨씬 적은 0.6퍼센트의 표차로 한명숙 후보가 낙선함으로써 진보신당은 엄청난 비난과 후폭풍을 감내해야 했다. 그리고 노회찬이라는 정치인이 받은 상처 또한 깊었다. 민주노동당과 견주며 진보 정치의 대표 주자로 자리 잡고자 했던 진보신당의 계획은, 역설적이게도 꿈의 도약대로 생각했던 지방선거와 '노·심 쌍포 전술'에서 무너지고 말았다.

결과론적인 이야기이지만, 오히려 야권 단일 후보를 논의할 때 (진보신당의 당선 가능성이 점점 줄어들고 있었던) 서울시장과 경기도지사 후보직을 전격적인 경선을 통해 양보하고, 서울 지역 두 곳, 경기 지역 두 곳 정도의 기초 자치단체장과 이에 상응하는 광역 및 기초 의원을 양보 받는 '거래'를 성사시키는 것이 낫지 않았을까 하는 생각도 솔직히 들었다. 그것이 진보 정치의 존재감을 높이고, 앞으로 기반을 넓힐 수 있는 방법이 되었을 것이다.

달라진 생각

진보 정치의 정책과 주장에는 시민이 공감하는 것이 많다. 진보 정치의 본령은 '노동'과 '복지'이기에, 오랜 시간 가다듬은 복지 정책은 비록 거창하지 않더라도 시민들의 실생활에 도움이 되기 때문이다. '친환경 무상 급식'은 이미 2003년부터 진보 정치 세력이 중심이 되어 전국적인 이슈로 삼았거니와, 교육개혁과 의료 개혁 문제에 대해서도 오랫동안 토론하고 실현 가능성을 검증해 왔다. 문제는 진보 정치가 이 주장을 실현하고 실천할 길이 없다는 것에 있다. 보수 정치 세력, 그것도 한나라당은 물론 민주당 같은 자유주의 정치 세력과도 선을 긋는 데 급급했기 때문에 소수파로서의 위치를 각오해야 했고, 각종 선거에서 당선되는 경우가 드물어 좋은 정책과 좋은 제안을 실천할 기회를 얻지 못했다. 국민들로서는, 말은 맞는데 실현 가능성이 없고 뭔가 보여 준 것이 없는 정치 세력에 신뢰와 지지를 보낼 수 없었던 것이다.

게다가 2010년 6·2 지방선거 이후 내부 분란과 급격한 외부 상황 변화에 시달리던 진보신당이 결국 왜소한 정치 세력으로 위축되는 과정을 돌이켜 보면, 지방선거에서 현명하게 판단하지 못한 것이 더욱 아쉽다. 특히 진보 정당은 규모는 작지만 지지층이 견고하므로 선거 국면에서 좀 더 유연한 사고를 했더라면 명분과 실리를 모두 지킬 수 있었을 것이다.

진보 정당 10년 동안 관념적으로가 아니라 피부로 진보 정치의 존재감을 느끼는 지지층은 비록 규모는 작지만 단단하게 형성되었다. 그리고 이들은 진보 정치가 더욱더 유연한 전술적 선택을 할 수 있게 하는 저력이기도 하다. 10년 동안 진보 정당을 찍은 사람들이 있고, 첫 투표부터 진보 정당을 선택한 젊은이들이 있다. 게다가 정당 투표와 지방 선거 기초 의원 선거 등처럼 사표 심리의 압박에서 비교적 자유로운 선거에서는 진보 정당에 대한 지지율이 20퍼센트를 넘나들고 있는 상황이다. 정치적 시민권을 얻었으면 그에 걸맞은 전술을 고민해야 했는데, 여전히 정치적 반항아처럼 행동했던 것은 아닌지 돌아봐야 한다.

내가 진보신당을 탈당하고 대통합 정당을 주장하는 '혁신과통합'에 결합하자, 내게 진보 정치를 하겠다는 생각이 달라진 것 아니냐고 묻는 사람들이 있다. 내가 학생운동을 마치고 사회 진출을 준비하면서 국민승리21에 참여하기로 선택했을 때, 그 선택을 지지하고 결국 가장 먼저 함께했던 김종철 진보신당 부대표 또한 "도대체 무슨 생각이냐?"라면서 강북구 사무실까지 나를 찾아왔다.

생각이 달라진 거냐고 묻는다면 '당연히' 그렇다. 그러나 진보 정치를 포기한 것이냐고 묻는다면 '절대로' 아니다. 나는 진보 정치를 포기한 것이 아니다. 진보 정치가 담고 있는 '노동'과 '복지'는 내가 정치를 계속하는 한 확장해 가고 실현해 내야 할 핵심 키워드다.

내 생각이 달라졌다면, '법적 독자 정당'을 유지하는 것만이 유일한 진보 정치 노선이라는 고정관념을 버려야 한다고 생각하게 된 것뿐이다. 진보 정치가 법적 독자 정당을 유지하고자 했던 것은, 그 존재감을 분명하게 해서 '정치적 시민권'을 얻기 위해서였다. 그리고 그 발언권을 통해 노동과 복지라는 자기 정책과 노선을 실현하기 위해서였다.

다시 말해 진보 정당의 법적 독자성은 하나의 수단에 불과하다. 내가 심상정·노회찬·이정희와 다르게 생각하는 것은 바로 이 지점이다.

따뜻한 밥 한 그릇의 정치

나는 이 문제에 대해 단호하다. 이미 경험적으로 검증된 문제다. 결선투표 없는 대통령중심제와 단순 다수대표제인 소선거구제가 굳건히 자리 잡은 대한민국 정치판은 끊임없이 우리 정치 구도를 양당 구도로 몰아간다. 2등도 소용없는 정치 구도에서, 3등에나 겨우 이름을 올리는 정당이 독자적인 집권 세력으로 성장하기란 불가능하다. (비례대표 제도를 통해 간혹 반짝 이름을 날리는 정치인은 있을 수 있지만) 정치제도를 바꾸지 않고 진보 정치 세력이 집권 세력으로 성장할 수 없다는 사실은 민주노동당 창당 이후 11년, 그리고 2004년 첫 원내 진출 성공 이후 7년이라는 세월이 증명하고 있다.

경험적으로 불가능하다는 것이 입증되었음에도 머릿속으로 된다고만 생각하고 같은 행동을 반복한다면 현명하다고 할 수 없다. 거리 집회나 파업 투쟁을 통한 가두 정치로 세상을 바꾸는 것이 어렵다는 사실을 깨닫고 합법 정당으로 진보 정치의 영역을 확장했기 때문에 '원내 진출 성공'이라는 새로운 기회가 열렸던 것처럼, '법적 독자 정당' 노선을 고집하는 태도에서도 벗어날 필요가 있다. 그것이 진보적인 사고요 실천이다.

진보 정치 세력은 날이 갈수록 지지층과 국민들의 관심에서 멀어지며 지지를 잃어 가고 있다. 그들이 원하는 정치를 보여 주지 못하고 자신들의 관심사에만 골몰하고 있기 때문이다.

진보 정치의 목표는 노동자와 국민에게 따뜻한 밥 한 그릇을 대접하는 것이었는데, 어느새 그 밥을 먹겠다고 모인 사람들에게 밥그릇을 따로 만드는 문제에 대해서만 이야기하는 세력이 되어 버렸다.

따뜻한 밥 한 그릇을 위해, 그동안 고수해 왔던 '법적 독자 정당' 노선이 아니라 집권이 가능한 '민주·진보 연합 정당' 노선으로 전환할 필요가 있다. 이른바 (집권 경험이 있는) 자유주의 정치 세력과 진보 정치 세력이 힘을 합쳐 '민주·진보 연합 정당'을 만들고 그 힘으로 수구·보수 정치 세력에 맞서 '민주·진보 연립정부'를 세우는 일을 실천해야 한다. 나는 이 일에 앞장서고자 한다. 그리고 이 길을 성공시켜 진보 정치를 더욱 확대하고 존재감을 높이고자 한다.

새로 만드는 통합 정당에는 진보 정치 세력이 자기 정체성을 확고히 지킬 수 있는 다양한 제도와 규칙이 마련되어야 할 것이다. 정파 등록제와 준교섭단체 등록권, 지지 당원에 대한 독립적인 교육과 관리, 재정 독립권 등이 보장되어야 할 것이다. 한국 정치에서 정파별 정체성을 온존시키면서 공동의 연합 정당을 만드는 일은 사상 초유의 일이다. 하지만 하나의 정당이라고 하면서 계파별로, 또는 수장이 누구냐에 따라 갈라져 이전투구를 일삼는 기존 정당들의 행태를 생각하면, 각자의 정치적 견해에 따라 조직적 독립성을 인정하고 그에 걸맞은 정치적 책임을 부여하는 정당 운영 방식은 전혀 문제될 것이 없다.

탈번, 틀을 깨는 전환

탈번(脫藩). 일본에서 봉건 막부 시대의 무사 집단인 번(藩)을 벗어나는 행위를 말한다. 번은 당시의 봉건 체계를 유지하는 신분 질서의 틀이자 사회 운영 시스템이었기 때문에 이를 벗어난다는 것은 일종의 반역 행위이고 반체제 행위였던 모양이다. 탈번한 사람은 자신은 물론 가족들까지 모두 사형에 처해질 만큼 무거운 처벌을 받았고, 각 번에서는 이 탈번한 무사(낭인)들을 쫓아 체포한 뒤 처벌했다고 한다.

일본 근대화의 틀을 열었다고 평가받는 사카모토 료마의 경우 그의 인생을 건 첫 번째 사건이 바로 이 탈번이었다. 카시(上士)와 조시(下士), 즉 상급 사무라이와 하급 사무라이로 나뉜 낡은 체제와 막부 체제로는 개국하라는 요구와 위기 앞에 놓인 일본을 지켜 낼 수 없다고 본 것이다. 그의 평전이나 소설, 그를 주인공으로 하는 드라마들은 하나같이 그의 탈번이 그의 인생을 결정한 큰 사건이었음을 강조한다.

야권 대통합을 통해 노동과 복지의 나라를 만들겠다고 20년 독자 진보 정당의 길을 벗어난 나를 비판하는 목소리가 있다. 이에 대한 나의 답이 '탈번', 즉 틀을 깨는 사고와 실천이다. 그 이름이 혁명이든, 탈번이든, 틀 깨기이든 간에, '변화'는 고정된 것으로부터 벗어나려는 사고에서 시작한다. 시스템에서 벗어나는 것은 위험하다. 하지만 그것을 넘지 못하면 변화를 만들어 내지 못한다. 그저 생각하는 데만 그친다면, 그것은 또 다른 '안주'일 뿐이다. 실천이 있어야 '진보'다.

나의 탈당은 그런 의미에서 일종의 탈번이고, 틀 깨기이며 또 한 번 진보 정치를 확장하려는 새로운 시도다.

3장

진보 정치와의
첫 만남

국민승리21, 깃발을 내리다

1999년 9월 성균관대학교 앞 유림회관.

표정이 밝고 어딘가에 들뜬 듯한 사람들이 모여들기 시작했다. 2백 명 남짓 모일 수 있는 예식 홀 입구는 행사 시작 전에 서로 안부를 묻고 반가움을 나누는 이들로 분주했다. 다들 해산을 앞둔 조직에 속한 이들로는 보이지 않았다. 1997년 대통령 선거를 앞두고 노동·진보 진영의 대선 대책 기구로 시작한 국민승리21은 대선 패배 이후 '진보 정당 준비를 위한 정치조직'으로 전환했다. 그 뒤 2년여 동안 다양한 사회 활동과 조직 강화 사업을 펼치며 대중적 진보 정당을 건설하는 데 결정적인 역할을 했고, 마침내 해산을 결정하기 위한 중앙위원회를 개최하게 된 것이다. '해산'이라는 단어가 주는 무기력 대신 잔칫집 분위기마저 감도는 자리였다.

대선 패배 이후 삼선교에 위치한 허름한 건물로 사무실을 옮겼을 때를 돌이켜 보면, 해체하라는 비난과 대선이 남긴 막대한 빚더미에 시달리면서도 진보 정당 건설의 전망은 좀처럼 보이지 않던 나날 동안 얼마나 많은 한숨을 지었는지 모른다.

하지만 예비 당원인 국민승리21 회원 3천여 명, 30여 개의 지역 조직, 당 운동에 헌신할 준비가 된 활동가들로 단단히 꾸려진 '진보 정당 창당 준비위원회'를 출범시켰다. 이미 8월 발기인대회를 통해 '민주노동당'이라는 당명도 결정한 상태였다. 그렇기 때문에 모두들 해산 중앙위원회가 열린다는 사실을 슬퍼하는 대신, 오히려 '해산'을 자랑스러워하며 기뻐했다.

이내 자리가 가득 찼다. 국민승리21이 걸어온 길이 비디오 영상과 슬라이드 화면에 담겨, 때로는 담담하게 때로는 격정적으로 펼쳐졌다. 민주노총 초대 위원장이었고, 1997년 대선에서 진보 진영의 후보였던 권영길 대표의 인사말이 이어졌다. 그는 몇 마디 잇기도 전에 복받치는 울음을 참기 위해 말을 멈춰야만 했다.

상근자들이 점심값을 아끼기 위해 도시락을 싸들고 와 사무실에서 끼니를 때우던 일을 떠올리면서 권영길 대표는 눈물을 떨궜다. 그동안

차마 말할 수는 없었지만 그 자신도 겪어야 했던 비난과, 서럽고 힘겨 웠던 날들이 함께 떠오른 모양이다. 여기저기에서 울음이 터져 나왔다. 특히 상근자들은 모두 눈시울을 붉혔다.

뒤이은 노래패 '꽃다지'의 힘찬 공연이 아무리 즐겁고, 뒤풀이가 아무리 흥겨워도, '삼선교 시절'을 함께한 국민승리21 상근자들의 눈물만큼 즐겁고 신나지는 못했다. 설움과 힘겨움이 떠올라 흘린 눈물이었지만, 동시에 진보 정당 건설을 눈앞에 둔 흥겨움으로 즐겁게 흘린 눈물이기도 했다.

국민승리21은 민주노동당이라는 이름으로 새롭게 시작하는 진보 정당 운동의 밑거름을 자처하며 깃발을 내렸다. 붉은 장미가 그려진 작고 선명한 깃발을 이제 다시는 거리에서 만나지 못하겠지만, 아무도 서운해하지 않으리라. 열정을 남기고 역사 속으로 사라진 국민승리21과, 그곳에 땀과 눈물을 묻은 사람들의 이야기가 격렬한 연애의 기억처럼 떠오른다.

마포, 1997년 대선의 시작

1997년 8월 어느 무더웠던 날, 나는 당시 민주주의민족통일전국연합 (이하 '전국연합') 정치국장 김두수 선배와 함께 마포에 위치한 삼창플라자 건물을 향하고 있었다. 늦게 군대를 다녀온 뒤 마지막 한 학기를 마치고서 전국연합 정치부장 일을 하고 있던 나는 학생운동 티를 벗고 사회운동가로 거듭나고자 안간힘을 쓰고 있었다.

내가 사회운동에 첫발을 내딛을 곳으로 전국연합을 생각했던 이유는 사실 간단했다. 전국연합이, 이른바 '당선 가능한 야당 후보'와의 정책 연합을 통해 사실상 보수 야당에 정치적 투항을 했던 1992년 대선과는 달리, 제15대 대통령 선거에서는 독자 후보 진영에 가담할 것이라는 이야기를 들었기 때문이다. 정말 놀라운 변화였다. 막연히 꿈꿔오던 진보 정당 설립의 가능성까지 확신한 것은 아닐지라도, 적어도 이번만큼은 제대로 된 대통령 선거를 치를 수 있겠다는 기대를 품었다.

대통령 선거를 제대로 치르고 많은 것을 배우려면 중앙 선거운동 본부에서 활동하는 것이 좋겠다고 판단했다. 그저 자원봉사자로 참여하는 것에는 한계가 있을 것이었고, 학생운동 경험 외에 별다른 경력이 없었기에 어딘가에 소속되어 대선을 치르는 게 좋겠다는 생각도 들었다. 때마침 전국연합에서 조직부국장으로 있던 기동민 선배가, 대선에 임하는 전국연합의 내부 분위기를 설명하면서 '정치국'이 신설되고 자리가 생겼는데 해볼 생각이 있느냐고 귀띔해 주었다. 내가 바라던 역할이었고 대선과 직결된 정치부장 자리였으니, 비록 전국연합과 나의 정치적·사상적 노선이 달랐다고는 하나 더 고민할 이유가 없었다. 어차피 어디에서든 다시 배우고 시작해야 했다.

전국연합은 당시 재야 운동의 총본산이라는 그전까지의 지위를 점점 잃어 가고 있었다. 전국연합에 1997년 대선은 일종의 마지막 투자였다. 전국연합은 이른바 NL(자주파) 진영이 주도하고 있었고, 나는 PD(평등파) 진영의 총학생회장 출신이었다. 정파적 시각에서 따지는 이들에게는 내가 전국연합에 합류하는 것이 충격적으로 여겨질 만했다. '투항이다', '배신이다' 여러 말이 많았지만, 나는 그다지 정파적인 체질이 아니다. 그저 옳다고 생각하면 실천하고 행동할 뿐이었다. 내게 전국연합을 소개한 기동민 선배는, 성균관대 총학생회장 선배이기도 했기에 진로를 고민하는 데 도움을 받았다. 그는 지금 박원순 서울시장의 정무수석비서관으로 일하고 있다. 당시 내 선임이었던 김두수 국장은 김두관 경남도지사의 동생으로, 뛰어난 기획 능력을 갖추었다. 2010년 지방선거 이후 진행된 야권 통합 운동에서 자신의 역할을 다했고 다시 나와 함께 일하고 있다.

1997년 상반기 내내 우리는 12월 대통령 선거에 대해 논의를 거듭해 가며 준비했다. 일단 실무진 수준에서 논의가 진행되었고, 8월에 이르러서야 민주노총·전국연합·진보정치연합이 힘을 모아 독자 후보를 출마시키기로 결정하면서 후속 논의도 급물살을 탔다. 세 단체는 우선 실무 준비팀을 구성해 각 단체별로 상근자를 파견하기로 했다. 김두수 국장과 내가 마포로 향했던 이날은 실무 준비팀이 일할 공간인 삼창플라자에 사무 집기가 들어오는 날이었다.

사무실에 도착하니 진보정치연합의 이재영 국장과 민주노총의 김진억 선배가 와있었다. 참 작은 공간이었다. 아무리 『성경』에 "나중이 창대하리라."는 구절이 있다지만 이렇게 작고 구석진 곳에서 역사를 만들어 낼 수 있을까 하는 생각이 잠깐 들었다. 나뿐만이 아니라 그 자리에 있던 다른 사람들도 비슷한 느낌을 받았던 듯했다. 날은 더운데 환기나 냉방 모두 시원치 않은데다가 창문은 너무 작았다. 담배 피우기도 쉽지 않겠다며 이재영 국장이 투덜거렸다.

"어차피 여기서는 한두 달이야. 대선 치를 거면 큰 곳으로 옮겨야지."

"쉽지 않을걸. 산 너머 산이야. 여기까지 오는 데도 좀 힘들었어? 합의하고 사람 보내고 돈 내는 데 뭐가 그리 오래 걸리는지, 원."

"어쩌겠어. 1992년 이후 다 흩어졌다가 다시 시작하는 거나 마찬가지인걸."

그랬다. 1992년 대통령 선거를 치르고 나서 나름의 성과를 계승하고 반성할 부분을 새기며 애초 다짐했던 대로 진보 정당을 건설했더라면, 이제 와서 같은 과정을 반복하고 논의하느라 시간을 허비하며 시행착오를 겪을 일은 없었을 것이다. 1992년 당시 백기완 후보가 얻은 표는 기껏 23만여 표에 불과했지만, 약속대로 진보 정당을 만들어 그 희망을 지켜야 했다. 그것이 또 한 걸음을 내딛는 것 아니었겠는가. 그런데 5년이 지나 처음부터 다시 시작해야 했다. 독자 후보의 필요성을 설득하고, 필요한 돈을 모으고, 사람을 모으고, 조직을 구성하고…… 이미 5년 전에 했던 것을 되밟고 있는 것이다. 아니, 사람들을 설득하기는 5년 전보다 더 힘들어졌다. 사람들은 허무하게 끝나 버린 1992년의 경험에 실망했고, 패배감과 무기력에 빠져 있었기 때문이다.

그나마 1997년 대선에 독자 후보를 내자는 이야기가 진지하게 받아들여진 것은, 1996~97년 겨울 민주노총의 총파업이 있었기 때문이다. 노동법과 안기부법의 새벽 날치기 처리에 저항해 그 추운 겨울을 뜨겁게 달구며 총파업 투쟁을 전개한 끝에 입법을 무효화시켰는데, 그 뒤 정치권은 여야 합의로 '사이좋게' 더 개악된 법을 내놓았다. 한겨울 노동자들의 땀과 투쟁, 그리고 온 국민의 성원은 그야말로 하얗게 얼어버렸다. 그 결과 민주노총 내부에서는 독자 정당과 노동자 정치 세력화에 대해 실천적인 고민이 필요하다는 분위기가 자연스럽게 형성되었다. 민주노총은 그해 3월 27일 제2기 대의원대회에서 '1998년 지방선거 적극 대응, 1998~99년 정당 건설, 2000년 국회 진출'이라는 비교적 상세한 목표가 담긴 정치 방침을 결정했다.

물론 이전에도 진보 정당을 건설하려는 시도가 있었고 그런 경험도 몇 번 있었지만, 지식인들과 활동가 단체 또는 재야 정치조직이 아닌 대중조직이 직접 당을 건설한다는 정치 방침을 선언하기는 처음이었다. 독자 후보 운동을 전개할 만한 여타 재야 진보 세력이 상대적으로 지지부진한 상황에서, 인적·물적 기반이 탄탄한 민주노총이 1997년 3월에 바람을 잡고 나선 것은 '대선 독자 후보 출마'라는 구체적인 실천을 끌어내는 논의에 불을 댕긴 격이었다.

그러나 앞서 말했듯이 지지부진한 논의만 거듭하며 상반기를 다 보내고, 선거를 겨우 석 달 앞두고서야 실무 준비팀이 일할 사무실을 마련할 수 있었다. 앞으로 갈 길이 더 험난해 보였다. 하지만 벼르고 별러 온 첫걸음이었다. 온몸에 팽팽한 긴장이 감돌았다. 주문처럼 속으로 되뇌었다.

'시작이다. 이제부터 시작이다. 한번 해보는 거다. 이번엔 잘될 수 있을 거다!'

엄청나게 큰 싸움에 참여하는 것 치고는 초라한 시작이었다. 무엇을 어떻게 시작해야 할지 몰랐지만, 의지는 드높았고 근거 없는 자신감이 가득했다.

그해 여름은 무척 더웠다.

준비되지 않은 도전

대통령 선거에 늦게서야 본격적으로 대응했기에 숨 가쁜 일정이 이어졌다.

1997년 9월 7일 국민승리21 준비위원회 발족식을 치르고 권영길 민주노총 위원장을 대통령 후보로 추대했다. 국민승리21 결성 대회는

10월 26일에야 열렸다. 그동안 대부분의 역량을 행사를 치르는 데 쏟았기에 선거에 대응할 수 있었던 것은, 이미 선거가 코앞에 다가온 11월부터였다.

국민승리21은 진보 진영이 1997년 대선을 치르기 위해 임시로 마련한 대응 기구였다. 대통령 후보를 낸 민주노총이 최대 주주가 되었고, 전국연합·진보정치연합을 비롯해 (나중에 교수 등 지식인들과 노동자 정치조직들이 중심이 되어 결성한) 정치연대가 결합했다. 국민승리21은 말 그대로 정치적 목적 아래 진보 진영이 이루어 낸 최대의 단결 조직이 되었다.

하지만 국민승리21과 관련해 물밑에서는 두 개의 시각이 있었다. 하나는 국민승리21을 당 결성을 위한 초기 형태로 보고 대선 이후까지 내다보는 시각이었고, 다른 하나는 국민승리21을 임시적·한시적인 선거 연대 기구로 보는 시각이었다. 이들은 대선이 끝나면 국민승리21은 해산되며, 진보 정당 건설 문제는 그때 가서 다시 논의해야 한다는 입장에 섰다.

이 두 시각은 사사건건 충돌했는데, 선거 과정에서 큰 분란을 일으킨 이른바 '일어나라, 코리아!' 사건과 '페이퍼 정당 결성' 사건에서도 입장을 달리했다(이 이야기에 대해서는 이후에 다루겠다). 선거 이후 성과를 모아 진보 정당을 건설하더라도 그 길이 그리 쉽지 않을 것임은 시작부터 예견되었다.

그러나 더 큰 문제는 어느 쪽이든 대통령 선거라는 큰일을 치르기에는 준비가 부족했고 모든 것을 쉽게 생각했다는 점이다. 심지어 일부 사람들은 대규모 민중 항쟁에 대한 막연한 기대에 젖어, 후보만 내면 온 국민이 지지할 것이며 투쟁의 깃발만 선명하게 들면 그 깃발 아래 사람들이 들불처럼 일어날 것이라고 은연중에 생각하기도 했다.

그렇지만 그런 기대야말로 민중을 대상화하는 사고방식이다. 1987년 6월 항쟁으로 군부 독재 세력을 코너로 몰고 보수 야당을 당황하게 한 뒤로, 재야 운동 진영은 줄곧 '대중과의 대화'에 실패해 왔다. 대중의 정치적 열망에 부응하지 못해 자기 존재의 근거를 상실해 왔던 것이다. 대중은 재야 운동 진영의 무책임한 모습을 보며, 열정·헌신성·도덕성은 갖추었지만 미래에 대한 희망을 기대하기 어렵다고 판단했다.

하지만 재야 운동 진영은 계속 분열했다. 미래를 단단하게 공유하지 못하니, 대중에게 청사진을 제시하는 것은 더욱 어려웠다.

진보 진영이 대중을 선동과 교화의 대상으로 여길수록 대화의 통로는 더 좁아졌으며, 사람들은 진보 진영을 어려운 말만 하고, 자신들과는 전혀 다른 사람들로 간주했다.

대중과의 대화에 실패한 진보 진영은 힘을 갖기 어려웠다. 선거대책본부가 구성되어 본격적으로 활동을 시작하면서 우리가 얼마나 준비가 부족했는지를 절실히 깨달았다. 근사한 정책과 공약을 만들었어도 이를 효율적으로 대중에게 알릴 조직이 없었다. 전국 1백여 곳에 연락소를 갖추었다고 하지만, 그곳에서 각 지역의 대중과 만나는 방법은 한정되어 있었다. 심지어 민주노총 조합원조차 국민승리21 중앙본부의 주장과 내용을 제대로 전해 듣지 못했다. 조직이 있었으나 영향력은 없었던 것이다.

또 우리의 주장을 효과적으로 알릴 방법이 있었다고 한들 선거에 임박해 급조된 단체를 대중이 신뢰할 리 없었다. 대중에게 국민승리21은 난데없이 나타난 선거 단체일 뿐이었다.

물론 경험도 없었다. 진보 정당 운동 10년 만에 지금이야 선거법과 선거운동 방법에 대한 전문가가 진보 정치 진영에도 많아졌지만, 1997년 당시에는 선거법에 대해 제대로 알고 있는 사람도 거의 없었고, 선거운동 방식과 조직의 구성·운용 방법, 후보자 활동에 이르기까지 제대로 돌아가는 것이 하나도 없었다. 모두 처음이었기 때문이다. 1987년과 1992년 두 번의 대선 경험이 있었지만 그 경험은 축적되지 못했다. 서로 다른 조직과 분야에서 활동하다가 선거를 앞두고 모인 사람들의 손발이 착착 맞으리라고 기대한 것이 애당초 무리였다.

더욱 심각한 문제는 우리 자신의 실력이 어느 정도인지를 제대로 파악하지 못했다는 것이다. 선거를 앞두고 3~4개월 전부터 각 언론에서 실시한 여론조사 결과, 권영길 후보의 지지율은 0.5~1.5퍼센트에 머물렀지만 아무도 그것을 믿으려 하지 않았다. 여론조사는 단지 여론조사일 뿐이며, 게다가 조사 기법이나 설문 문항에 따라 결과가 크게 좌우

된다는 위로 아닌 위로의 말들을 서로 주고받았다.

"민주노총 조합원만 50만 명이 넘는다. 그 가족 중 한 명씩만 더 찍어도 1백만 표가 넘는다. 최소 1백만 표, 경우에 따라선 3백만 표를 얻을 수도 있다."

지금 돌아보면 어이없는 믿음이지만 노동자는, 적어도 민주노총 조합원은 자신들의 위원장이자 노동자 후보인 권영길을 '당연히' 선택하리라고 생각했다.

그래서 조직 대중과 노동자들에게 계급 투표를 호소하는 것이 아니라 불특정 다수 국민에게 호소력 있는, '이미지'를 강조하는 선거운동 방식이 채택되었던 것이다. '일어나라, 코리아!'라는 선거 구호와 태극기가 가득한 선거 포스터, 그리고 각종 홍보물과 상징물은 주장이 아닌 이미지만 담고 있었다. 진보 진영의 활동가들과 진보 진영을 지지하는 사람들로서 이해할 수 없는 일이었기에 당연히 비난이 쏟아졌다.

그렇다고 이를 비판하는 사람들이 내세우는 방식도 올바르다고 보긴 어려웠다. 그들은 반대로 '노동자계급'과 '총파업', '민중 권력' 등 투쟁적인 또 하나의 이미지를 강조하자고 주장했을 뿐이었다. '일어나라, 코리아!'를 '일어나라, 노동자!'로 바꾼다고 해서 달라질 것은 아무것도 없었다. 조직이 미비해 영향력이 없고, 대중에게 쌓아 놓은 정치적 신뢰가 없는데 단지 이미지만 강경하게 바꾼다고 무엇이 달라지겠는가?

부드러운 이미지든 강경한 이미지든, 그것만으로는 아무것도 바꿀 수 없다. 우편향된 선거 기조도 문제였지만, 더 큰 문제는 당시 진보 진영의 실력이 형편없다는 객관적 사실이었다. 한두 해 만에 실력이 생기는 것이 아니었는데, 시험 시간을 코앞에 두고 벼락치기하는 학생처럼 덤비고 있었던 것이다.

'일어나라, 코리아!'라는 정체불명의 선거 구호를 외치며 우편향으로 치닫다가, 비판이 쏟아지자 난데없이 후보가 삭발을 하며 투쟁 의지를 천명하더니 급기야 텔레비전 연설에는 붉은 띠를 머리에 두르고 나오는 엉뚱한 좌편향을 일삼았던 것이다. 그렇게 한 편의 코미디처럼 좌충우돌하며 선거를 치렀다. 대중은 우리의 목소리를 알아듣지 못했다. 우리가 이해할 수 없는 언어로 말을 걸었는지도 모른다. '이미지 정치'는 대중의 눈을 속일 수는 있어도 그 마음을 움직이지는 못한다는 사실을 새삼 깨달았다.

지금 진보 정치는 10년의 경험을 통해 많이 세련되었고 실력도 갖추었다. 그러나 여전히 진보 진영은 대중과의 대화에서 자기 목소리를 더 높이고 있다. 80퍼센트를 듣고 20퍼센트만 말하는 자세가 필요한데, 늘 자기주장을 먼저 앞세운다.

야권 대통합 운동에서도 (정권을 교체하고 새로운 비전을 제시해 주기를 바라는) 국민들을 소망을 실현시키기보다 (원내교섭단체를 달성한다는) 진보 정치 진영의 숙원 사업을 앞세우면서 야권 통합의 열망을 회피하고 있다. 아쉬운 대목이다.

권영길을 만나다

그날도 이마에 흐르는 땀방울을 손으로 닦아 내리며 삼창플라자의 좁은 사무실에 들어섰다. 아마도 대변인실 업무를 맞게 되면서 생긴 일을 처리하고 들어오는 길이었을 것이다.

사무실 문을 열고 들어서는데 회의 탁자 두어 개를 붙여 놓은 사무실 구석에서 7~8명의 낯선 사람들이 앉아 뭔가를 열심히 토론하고 있었다. 한창 사람들을 모으고 다른 조직들이 참여하기를 기다리는 처지였기에 낯선 사람들이 와있다고 해서 이상할 것은 없었다. 별 생각 없이 내 책상을 찾아가면서 그들을 흘깃 보니 어딘가 낯익어 보이는, 머리칼이 희끗한 사내가 눈에 들어왔다.

자리에 앉아 숨을 고를 때까지는 그가 누군지 미처 떠올리지 못했다. 그러다가 차차 머릿속에서 희끗한 머리칼과 투박한 뿔테 안경이 연결되면서 그를 짐작할 수 있었다.

어눌하고도 안으로 울리는 듯한 작고 느린 그의 말투가 웅웅 소리를 내며 귓가에 들려왔다. 1996년에서 1997년으로 넘어가는 겨울, 군대 내무반에서 세상 물정 모르는 '군바리 청년들'조차 "저 파업은 잘하는 것"이라고 말했다. "데모하는 것들은 다 잡아 처넣어야 한다."던 김 중사도 김영삼 정권의 버르장머리를 고쳐야 한다며 이구동성으로 응원했다. 그 총파업 지도자와 같은 공간에 있다는 사실이 믿기지 않았다.

결국 그날 그와는 한마디도 나누지 못했고, 그들이 회의를 마치고 모두 일어나 사무실을 빠져나갈 때까지도 제대로 인사하지 못했다. 다른 이들을 먼저 내보내고 웃옷을 챙겨 든 그가 사무실 사람들에게 수고하라고 인사를 건넬 때에야 비로소 주름살이 진 그의 선한 얼굴을 똑바로 바라볼 수 있었다. 카리스마라고는 찾아볼 수 없을 정도로 평범했다. 14년 전 권영길은 강성 노조 민주노총을 이끄는 지도자라기보다는 50대 중반의 교수 같은 풍모를 지녔다.

첫 만남은 그렇게 끝났다. 그 만남이 너무 싱거웠기 때문일까? 두 번째 만남은 참 요란스러웠다. 그로부터 얼마 되지 않은 9월 초, 권영길을 다시 만났다.

지금은 국회의원인 정범구 씨가 진행하던 CBS 프로그램 〈시사자키, 오늘과 내일〉에서 권영길의 대선 출마와 관련해 대담을 진행하고 싶다는 의사를 밝혀 왔다. 그 프로그램에 출연하는 날 권영길을 수행하고 보좌하는 것은 언론 사업에 속하니 대변인실이 맡아야 한다고 중론이 모아졌다. 삼창플라자 팀 사람들 모두가 나를 쳐다봤다. 초보인 나로서는 얼토당토않은 일이라고 생각했지만, 수행이 별것이겠느냐는 생각이 들어 내가 맡겠다고 했다.

지금 생각하면 참 어이없는 결정이었다. 명색이 대통령 후보 출마 예정자이고 노동계의 대표인 사람을 수행하는 일을 나 같은 '초짜'에게 맡기다니 말이다.

오후 4시까지 민주노총 사무실로 가라는 말만 듣고 아무렇지 않은 듯이 삼선교에 있던 사무실에 들어섰지만, 나는 속으로 잔뜩 주눅이 들어 있었다. 민주노총 사무실도 초행이었고 격식을 차린답시고 입은 양복은 평소 겨울에도 입는 옷이었으니 땀이 줄줄 흐를 지경이었다.

10분쯤 지나자 위원장실이 열렸다. 손님이 나가고 여성 상근자가 내가 왔음을 전해 주자 손님을 배웅하며 돌아서던 권영길이 내게 눈을 돌렸다.

"그래, 오늘 나랑 같이 다니기로 했다고?"

악수를 나누며 인사하고 나서도 뭔가 내게 할 이야기가 있는 듯 입을 오물거리며 눈웃음을 지었다. 무슨 질문이 나오든 곧바로 대답을 할 태세로 잔뜩 긴장하며 그를 쳐다보았는데…….

"차가 막힐 시간이니 지하철을 타야겠지?"

아, 그랬다!

나는 그를 어떤 교통수단으로 수행할지도 생각하지 않고 그야말로 무턱대고 나선 것이다. 그리고 그때서야 궁금해졌다. 도대체 CBS 방송국은 어디에 있는 걸까?

막간을 이용해 실무자들이 위원장에게 이런저런 일들을 보고하며 의견을 물어 왔다. 권영길은 그 유명한 '어눌 화법'으로 자신의 의견을 말해 주느라 시간을 다 흘려보냈다. 이럴 때 그 대책 없는 친절함이란!

대선 후보, 목동 거리를 내달리다

나는 초조해지기 시작했다. 지금도 크게 달라지지 않았지만, 그때는 서울 지리를 잘 몰랐다. 학생운동을 할 때 늘 가두시위가 열렸던 종로·명동·대학로 일대는 눈감고도 골목 구석까지 찾아갈 수 있었지만, 집회가 잘 열리지 않는 곳의 서울 지리는 알 길이 없었다. 군에서 제대한 지는 7개월, 졸업한 지는 갓 2개월이 지난 사회 초년병이었다. 목동에 있다는 CBS 방송국까지 가려면 얼마나 걸리는지도 몰랐던 나는 긴장한 채로어서 권영길과 민주노총 실무자들의 대화가 끝나기만을 기다렸다.

5시가 넘어서야 나설 수 있었는데 5호선으로 갈아타고 자리에 앉자마자 그는 안경을 벗고 졸기 시작했다. 누가 상상이나 했을까. 대선을 석 달 남짓 앞둔 시기에 대통령 후보가 중요한 언론 대담 프로그램을 앞두고 지하철에 앉아 졸고 있는 모습을 말이다. 마음이 복잡했다. 게다가 5호선은 당시 나로서는 매우 생소했고 어느 역에 내려야 CBS 방송국이 있는지조차 몰랐다.

'권영길 위원장이 잘 알겠지, 뭐. 언론노조 위원장 출신이잖아. 잘아니까 저렇게 태평하게 졸고 있는 거겠지.'

그러나 신길역을 지나면 깨워 달라던 그가 안경을 끼면서 내게 질문했을 때 심장이 멎는 줄 알았다.

"CBS가 어느 역에 있지?"

이럴 때 어설프게 아는 척하면 후환이 된다는 것을 군 생활에서 이미 터득했던 나는 놀란 가슴을 달래고 떠듬거리면서도 힘주어 대답했다.

"저도 잘 모릅니다, 위원장님."

대통령 후보의 하루 수행 비서 입에서 흘러나온 대답이었다.

결국 자신이 모든 판단을 해야 한다는 사실을 깨달은 권영길은 긴장하는 모습이었다. 목동역과 오목교역 중 어느 한 곳이라고 갈등하던 권영길은 마침내 목동역에서 내릴 것을 주장했다.

방송 시간을 15분 정도 남겨 둔 상황에서 역 출구 밖으로 나왔을 때의 그 황량함과 당황스러움이란. 주위엔 온통 아파트촌뿐이었고, CBS 방송국은 없었다!

지나가는 사람에게 물었다. CBS 방송국이 어디냐고. 방향을 잡아 주는 대로 우리는 뛰기 시작했다. 혹시나 싶어 택시가 다니는지를 살폈지만 택시는 보이지 않았다. 내가 50여 미터를 앞질러 달리면서 만나는 행인에게 방송국 위치를 물어 가며 방향을 잡고 권영길은 그 뒤를 쫓아왔다. 10분 정도를 그렇게 뛰면서 아파트 단지를 지나고 도로를 가로지르고 잔디와 화단도 짓밟았다. 거의 제정신이 아니었다.

아파트촌을 막 벗어나니 저 멀리 CBS 방송국 건물이 보였다. 남은 시간은 5분. 그때부터는 권영길과 함께 뛰었다. 5분 동안 숨도 쉬지 않고 우리는 거의 전력 질주하다시피 내달렸다. 대단한 체력이었다. 약속을 어기게 될지도 모른다고 생각해서였는지 권영길은 젊은 나보다 더 열심히 뛰었다. 드디어 방송국 건물에 들어선 우리는 엘리베이터 대신 계단으로 뛰어올라 갔다.

"잠시 후에는 오는 대통령 선거에 출마를 선언해 관심을 모으고 있는 민주노총 권영길 위원장과 이야기를 나누도록 하겠습니다."

광고 전 마지막 멘트가 나오던 방송실에 뛰어들자, 얼굴이 하얗게 질린 채 초조하게 우리를 기다리던 제작진이 부리나케 권영길을 스튜디오로 들여보냈다.

광고가 나가는 순간 정범구 씨가 외쳤다.

"아니, 이 땀 좀 봐. 위원장님 괜찮으세요? 여기 물 좀 갖다드리죠!"

그 난장판을 만들어 낸 주범인 나는 그 와중에도 대담이 진행되자 권영길의 답변 내용을 하나하나 노트에 적는 척했다. 뭔가 수행 담당자의 임무를 '수행'하고 있다는 느낌을 제작진에게 줘야 했고 나도 그런 느낌을 갖고 싶었다. 그 뻔뻔한 속뜻을 알 리 없는 제작진 가운데 한 명이 조심스레 말을 붙였다.

"인터뷰 내용이 필요하시면 테이프로 떠서 드릴게요."

나는 옅게 한숨을 쉬며 볼펜을 놓았다. 고맙다는 말을 건네면서, 내가 오늘 권영길을 '수행'하는 이유와 필요에 대해 잠시 생각했다. 내가 있으나 없으나 아무런 차이가 없었다. 나 자신이 한심했다.

권영길의 일정은 라디오 대담으로 끝나는 것이 아니었다.

CBS 노조 집행부와 그를 '권 선배'라고 부르는 역대 노조 위원장과 간부들이 스튜디오 밖에서 그를 기다리고 있었다. 뒤풀이에서 '노동자 정치 세력화'를 힘주어 설득하는 것도 그의 중요한 임무였다.

여전히 개인적인 이유로, 혹은 정치적 이유로 권영길의 출마를 반대하거나 안타까워하는 이들을 설득하기 위해 밤늦게까지 애쓰던 권영길을 보며 나는 또 다른 느낌을 받았다.

술로 민주노총을 세웠다는 말이 있다더니, 어쩜 저렇게 날카로운 주제의 논쟁을 야들야들한 청포묵처럼 넘겨 내고 동의를 얻어 간단 말인가. 가끔 나는 그의 어눌 화법이 답답해 속이 터질 것 같기도 했지만 좌중은 끝내 고개를 주억거리는 것이었다.

술자리는 늦게 끝났다. 끝까지 수행(?)을 하기 위해 택시에 함께 타고 그의 집 근처에서 내렸다. 그는 아까 낮에 그랬던 것처럼 살포시 웃음을 띠고 입술을 오물거리며 내게 말했다.

"한 잔만 더 할까?"

권영길이 『서울신문』 기자 초년병이던 시절 편집국장이었고, 이후 노동부 장관을 지내기도 한 남재희 씨가 어느 월간지와의 인터뷰에서 권영길의 술자리 자세를 소개한 적이 있다. 바로 헤어지지 않고 마지막 잔정까지 나누는 것이란다.

도로변에 포장도 치지 않은 채 놓여 있는 간이 탁자와 의자에 걸터앉아 숯불에 구운 은행 알을 소금에 찍어 먹으며 우리는 맥주 몇 병을 더 비웠다. 그날 무슨 이야기를 했는지는 잘 기억나지 않지만 서로가 아버지에 대해 이야기했던 것은 분명하다. 어린 시절에 여읜 빨치산 아버지와, 운동권 총학생회장을 아들로 두고 마음고생 하신 현직 경찰관 아버지에 대해서.

낮에 그 난리를 치르고도 마지막 술자리를 끝내고 돌아서면서까지 끝내 한마디 나무라지 않던 그를 보면서, 겨우 두 번째 만남이었지만 나는 내가 그때까지 알던 카리스마 충만한 지도자가 아닌 다른 종류의 지도자를 만났다는 생각을 했다.

장점이라고는 하나도 없어 보였던 권영길의 모습이 엉뚱하게도 장점이 되어 가는 상황과 그의 조용한 움직임에서 생소한 가능성을 보았다. 그날의 경험은 지도자의 모습에 대해 많이 고민하게 하는 계기가 되었다. 강력한 자기주장을 펼치고 확신을 보이며 대중을 이끄는 것만이 리더십이라고 생각하던 내게 '침묵으로 발언하고 의지로 실천하는' 그의 태도는 매우 낯선 것이었다. 그 뒤 권영길과 많은 시간을 함께했는데 그의 그런 모습은 정치인으로서 단점이기도 하고 장점이기도 했다. 하지만 지도자로서 이런 그의 모습은 당시 재야·노동·진보 운동 진영이 처해 있던 상황에서는 장점임이 분명했다.

대변인실에서 일하다

어찌 보면 인생 자체도 엉뚱한 선택의 연속일 수 있겠지만, 1997년 대선에서 내가 맡을 역할은 참 어이없게 결정이 났다. 삼창플라자 팀은 당장의 필요한 업무를 놓고 구두 회의를 통해 역할을 분담했다. 나를 제외한 대부분의 사람들은 자기 업무가 이미 정해져 있었다.

민주노총 정치위원회 소속인 김진억 국장은 당연히 조직 담당, 실전에서 여러 선거를 경험한 김두수 국장은 기획 담당, (지금은 진보신당 정책위원장인) 이재영 당시 진보정치연합 국장은 지금과 마찬가지로 그때도 정책 담당 전문이었다. 일을 배우겠다는 욕심으로 가득했던 나는 넓은 시야를 갖추고 많이 보고 듣기 위해서는 '조직'이나 '기획' 쪽에서 일해야 한다고 생각했다.

그런데 첫 회의에서, 당시 전국연합에서 파견되어 언론 사업을 맡기로 되어 있었던 유기홍 한국청년단체연합 의장(나중에 열린우리당 국회의원으로 활동했다)의 한마디로 나는 난데없이 언론 사업에 배치되었다.

"용진 씨는 나랑 같이하지, 뭐."

영 내켜 하지 않는 내 표정을 봐서인지 "정치 사업의 꽃은 대변인실 업무다", "아주 파워 있는 곳이다." 등의 온갖 감언이설이 뒤따랐고, 결국 나는 꼼짝없이 대변인실에서 일하는 것으로 결정되었다. 그리고 대변인실에서 내가 맡은 업무가 '꽃'과 '파워'와는 무관한 3D 업종의 하나임을 알아차리는 데는 그리 오래 걸리지 않았다. 대변인 업무와의 오랜 인연은 이렇게 시작되었다.

대변인실 업무에 대해 내가 아는 것은 거의 없었다.

하다못해 그전까지 팩스 한 번 보내 본 적이 없었으니, 나는 나대로 유기홍 대변인은 그대로 매우 난처한 상황이었다. 지금이야 각 정당의 대변인실에서 휴대전화 문자나 이메일을 전송해 기자들과 연락하지만, 14년 전에는 집단 동보 팩스 시스템이 가장 최신 기술이었다. 그래서 전국연합에서 긴급 투입된 사람이 바로 전국연합 총무부장이었던 이은민 씨였다.

나는 이은민 부장에게서 팩스 주고받기, PC통신 하는 법 등 그야말로 세상일의 기초를 배우는 한편, 각 언론사 정치부의 팩스 번호와 전화번호, 야당 담당 기자와 팀장의 이름을 익히고 대변인실에서 꼭 필요한 기초 자료를 모아 정리하기 시작했다.

그때부터 우리는 방송 시간 몇 초와 신문 기사 몇 줄이라도 '빼앗기 위해' 치열한 두뇌 싸움을 벌이고 눈물겨운 노력을 다했다. 카메라앵글이 머물 만한 장면을 만들기 위해 별별 아이디어를 다 동원했고, 신문 기사에 인용될 만한 온갖 화려한 수식어를 만들어 내기도 했다.

하지만 얼마 지나지 않아 벽에 부딪쳤다. 어떤 노력을 기울여도 언론에서는 우리에게 관심을 기울이지 않았다. 불공평하지 않느냐고 항의하면 냉정한 답변이 돌아왔다. 당신네 실력만큼 대접하고 있는 거라고. 선거판을 뒤흔들 대중투쟁을 만들어 내지도 못하고 정치적 신뢰도 쌓지 못한 세력에는, 언론만이 아니라 일반 국민조차 관심이 없다는 것이었다.

우리에게는 수만 명의 대중을 동원할 능력이 있다고 생각했지만 그건 착각이었다. 민주노총의 임단협 관련 파업과 전국농민회총연맹의 농가 생존권 관련 상경 시위에는 족히 수만 명이 모였지만, 우리는 정치적 사안으로 그만한 대중을 모아 낼 힘이 없었다. 대중에게 어떤 신뢰도 심어 주지 못했기 때문이다.

1987년과 1992년 대통령 선거 당시 대학로와 보라매공원을 가득 메운 민중 후보 지지자들의 함성은 그저 좋았던 옛 기억일 뿐이었다. 그때를 기억하는 건 만석꾼 부자가 그 많던 재산 다 날리고 옛날만 생각하는 꼴이었다.

국민승리21 결성식에는 2천 명에도 못 미치는 사람들이 참석했다. 대선 기간 『중앙일보』에서 신한국당 이회창 후보를 당선시키기 위해, (경선에 불복하고 신한국당을 탈당한) 국민신당 이인제 후보에게 불리한 기사를 내보냈다가 이인제 측 지지자들이 그날 신문의 발송을 막기 위해 모여 격렬하게 항의한 적이 있었다. 솔직히 나는 그날 한두 시간 만에 모여든 이인제 지지자 5백 명이 부러웠다. 우리는 5백 명은커녕 단 1백 명을 모으기도 힘들었다. 우리 행사를 취재하러 왔다가 참가자가 너무 적어 "그림이 영 나오지 않는다."며 투덜거리는 카메라 기자의 짜증 아닌 짜증을 들을 때도 있었다. 선거 막판 경기동부연합에서 1백여 명의 후보 수행단을 조직해 올려 보낼 때까지, 우리는 늘 자신 있어 했던 대중 동원 능력의 한계에 직면해 그 충격에서 헤어나지 못했다.

거대한 단체들이 모였고 수많은 위원장과 각종 직함을 갖는 간부들이 있었지만, 정치적으로 단련되지도 단결하지도 못한 진보 진영의 한계를 국민승리21은 고스란히 안고 있었던 것이다. 언론의 무관심은 그런 우리 자신의 한계를 반영하는 것이기도 했다.

2004년부터 2007년 대선까지 민주노동당 대변인을 맡으면서 여러 조건이 미비했음에도 큰 실수 없이 역할을 수행할 수 있었던 것은, 국민승리21 시절에 대변인실에서 고생하며 경험을 쌓은 덕분이었다. 14년이라는 적지 않은 시간이 흘렀지만, 요즘도 1997년 대선 때 알게 된 기자들을 가끔 만나면 그때의 짜릿한 긴장감이 느껴지기도 한다.

아침장미팀, 진보를 배달하다

그러나 국민승리21과 권영길 후보에 대한 언론의 무관심은 각오했던 것 이상이었다. 아무리 날카로운 논평을 써내고 엄중한 성명을 발표해도 언급되지 않았고, 권영길 후보의 움직임 또한 전혀 보도되지 않았다. 인지도와 지지율이 낮다는 것이 언론의 무관심을 정당화했고, 언론의 무관심은 다시 낮은 인지도와 지지율의 원인이 되었다.

이 악순환의 고리를 끊는 임무가 대변인실에 주어졌지만 우리도 뾰족한 수가 없었다. 후보와 대변인이 각 언론사를 순회 방문하고 담당 기자들을 모아 간담회와 술자리까지 함께했지만 길은 보이지 않았다. 매일 아이디어 회의를 통해 논평과 각종 보도 자료를 쏟아 내도 소용이 없었다. 오죽하면 대변인실 사람들이 한강 다리 위에서 '권영길 지지'라고 적힌 플래카드를 내걸고 스트립쇼를 하면 신문에 나지 않겠느냐는 자조 섞인 우스갯소리까지 나왔을까(물론 그래도 신문에 보도되지 않으리라는 것이 우리의 결론이었다).

어느 기자가 지나가는 말처럼 내뱉은 이야기에서 알 수 있듯 "권영길 후보가 투표일 하루 이틀 전에 김대중 후보를 지지하고 사퇴해야 겨우 1면에 날지 모르는" 상황이라면 우리도 생각을 바꿔야 했다. 주요 후보처럼 큰 기사로 다뤄지지는 않을지라도 단신 기사나마 꾸준히 언론에서 언급되게 하자는 것이었다. 정치면 1단짜리 작은 기사는 데스크보다 일선 기자들이 소재를 선택하고 글을 쓰기 때문에 그나마 성공 가능성이 컸다. 일선 기자들을 '붙잡고 늘어지는' 일만 남은 것 같았다. 또 '말말말'란도 활용하기 위해 그 칸에 실릴 만한 재미있고 적절한 표현을 만들기 위해 머리를 쥐어짰다. 밥그릇 크기를 줄이니 밥이 많아 보이듯, 욕심을 줄이니 오히려 길이 보이고 할 일이 생겼다.

우선 각 언론사 정치부장에게 우리가 접촉해야 할 일선 기자를 정해 줄 것을 요청했다. 주로 당시 야당이던 새정치국민회의(이하 '국민회의') 출입 기자로 정해졌다. 우리는 그 일선 기자들을 일일이 찾아가 인사를 나누고 안면을 익혀 두었다. 그리고 논평 하나, 보도 자료 하나를 보내고 나서도 그들에게 전화를 걸어 내용을 설명하며 기사화해 줄 것을 부탁했다. 하루에도 몇 번씩 이런 전화가 걸려 오자 기자들은 귀찮은 기색을 보였지만, 그것조차도 우리에 대한 관심이 늘어나는 것으로 받아들일 만큼 우리는 필사적이었다.

"잘났다, 자식아. 누군 네가 좋아서 전화하는 줄 알아?"

전화를 내려놓으면서 이은민 부장이 짜증을 쏟았다.

"왜 그래요?"

"자기가 필요하면 전화할 테니까 앞으로는 전화하지 말래."

"귀찮기도 하겠죠. 오늘만 벌써 세 번째 전화 돌리는 거잖아요."

그리고 나서도 우리는 또 전화를 돌렸다. 달리 무슨 방법이 있으랴. 그들이 알아서 우리가 보낸 보도 자료와 논평을 챙겨 볼 리가 없지 않은가.

이런 극성이 어처구니없기는 국민회의 기자실의 당직자들이 더했을 것이다. 우리가 팩스 용지에 각 기자의 이름을 적어 보내는 통에 자기들 팩스로 들어온 국민승리21의 보도 자료와 논평을 출입 기자들에게 직접 가져다주어야 했다. 내키지는 않았겠지만 그들 또한 각 출입 기자들과 약속된 사항인지라 어쩔 수 없었을 것이다. 취재 자료가 제때 전달되지 않는 것만큼 기자들에게 민감한 일도 없을 테니까. 그렇더라도 김대중 후보와 국민회의를 비판하는 내용이 담긴 보도 자료까지 자기들 손으로 나눠 줘야 하는 건 무척 화나는 일이었을 것이다.

게다가 내가 선거 막판에는 수시로 국민회의 기자실을 드나들며 기자들을 만나고 보도 자료를 나눠 줬으니, 자기 당에 들어와 자기 당 비난하는 기사를 써달라고 졸라 대는 인간이 얼마나 못마땅했을까. 심지어는 버젓이 기자실에 배치된 커피까지 나눠 마시고 돌아가는 여유를 부렸으니 그들은 속으로 '뭐 저런 놈이 다 있나.'라고 했을 거다.

초기에는 이런 극성과 노력이 효과를 좀 보기는 했다. 그러나 그렇게 오래가지는 못했다. 기자들은 전화 좀 그만하라고 하소연했고, 사실 우리도 하루에 팩스 수십 번, 전화 수십 통을 하는 게 고역이었다. 단신이나마 국민승리21과 권영길 후보가 기사화되는 빈도수가 점점 줄어들었기에 특단의 대책을 강구해야 했다. 언론사 기자들의 무관심을 깨기 위해 채택한 색다른 방식이 '아침장미팀' 운영이었다.

야당 출입 기자들이 우리가 보내는 팩스를 받아 제대로 읽어 볼지도 의문이지만, 행여 우리의 전화 공세에 시달려 받아 보게 되더라도 기사화하는 데에는 많은 어려움이 있었다. 우선 김대중 후보와 김종필 후보 간 후보 단일화인 'DJP 연합'이 성사된 이후로 사상 초유의 정권 교체 가능성이 커진 국민회의에 기삿거리는 차고 넘쳤다. 국민승리21에 대한 기사도 어쩌다 한두 번이지 매일 써대면 당장 데스크에서 "그렇게도 쓸 것이 없었냐."라는 구박을 받을 것이었다.

"DJ가 밤색 구두를 신었네, DJ가 어젯밤에 무슨 꿈을 꿨네, 어떤 점쟁이가 당선을 예언했네, DJ가 어제 저녁엔 찹쌀떡을 세 개나 먹었네." 등등 신변잡기적 기삿거리가 이른바 동교동계 정보통들에게서 매일 쏟아져 나왔다. 권영길 후보가 파업 사업장에서 단식 농성 중인 노동자들을 위로하고 경영진을 만나 협상을 촉구했다는 우리의 보도 자료는 찹쌀떡 개수보다도 못한 취급을 받기 일쑤였다. 일선 기자들이 우리 소식을 쓰고 싶어도 데스크에서 요구하는 방향이 있었을 뿐만 아니라 다른 정당과 후보에게도 기삿거리는 넘쳤다.

각 언론사 데스크의 정치부장들도 비슷했다. 언젠가 한 신문사의 정치부장 자리를 본 적이 있는데 온갖 서류와 팩스로 넘쳐 나고 있었다. 거기에 일선 기자들의 정보 보고, 각 당 고위 당직자들이 흘리는 이야기, 통신사에서 쏟아지는 기사와 정보까지 엉켜 정치부장은 정신이 하나도 없어 보였다. 거기에 우리가 논평과 보도 자료를 보내 봐야 그저 팩스 용지 한두 장 더 보태는 것에 불과했다.

아침장미팀은, 이런 상황에서 각 언론사 정치부장에게 우리를 어필해, 일선 기자들이 국민승리21이나 권영길 관련 기사를 쓸 때 태클을 걸지 말고, 더 나아가서는 우리 기사를 쓰라고 해주기를 의도한 것이었다. 일선 기자들만 들볶는다고 될 일이 아님을 깨달은 셈이다.

아침장미팀은 이은민 부장이 『조순선거본부백서』에 실린 (1996년 지방선거 당시 조순 서울시장 후보 선거운동 본부가 운영한) '까치팀'이라는 대변인실 기획 사업을 보고 제안한 것이었다. 말 그대로 아침 시간에 보도 자료와 논평을 서류 봉투에 챙겨 담아 붉은 장미 한 송이와 함께 정치부장과 기자들에게 직접 전달하는 이벤트다. 이를테면 '감동 작전' 이다.

이 팀을 운영하려면 엄청난 인력이 필요하다는 것이 문제였다. 당시 대변인실에는 부대변인 둘, 이은민 부장과 나, 정치연대에서 파견된 임필수 동지와 윤정식이라는 자원봉사자가 있었지만 부대변인들에게 '장미 배달'을 시킬 수는 없었다. 그리고 까칠한 성격의 이은민 부장은 한 번 나간 뒤로는 "결단코 내 적성에 안 맞아!"라는 말을 남기고는 못 하겠다고 선언했다.

그래서 긴급 투입된 사람이 지금은 영화 전문 기자로 이름을 날리고 있는 대학 후배 김세윤이었다. 그는 학교 선배를 잘못 둔 죄로 어느 날 대선에 '징용'당해 그 일을 떠맡게 되었는데, 대학생 후배 15명가량을 이끌고 아침장미팀의 임무를 훌륭히 해냈다. 지금은 『시사IN』 등 언론 매체와 방송사의 영화 관련 프로그램에 멋진 영화평을 남기고 있는 김세윤 기자에게 아직도 고마운 마음을 갖고 있다.

아침장미팀이 출동한 첫날, 기대했던 것 이상으로 반응이 좋았다. 이른 아침에 뜻하지 않게 붉은 장미 한 송이와 보도 자료 봉투를 받아 든 기자들은 그간의 홀대가 생각나서인지 미안함에 어쩔 줄 몰라 했고,

장미꽃 한 송이는 피곤에 찌들어 신경쇠약 직전 환자처럼 날카로워진 각 언론사의 정치부장들을 무장해제 하는 듯했다. SBS 보도국에 찾아간 나는 이 뜻밖의 방문을 환영하며 정치부장이 내준 커피까지 마셨고, 당장 오늘 일정부터 꼭 챙기겠다는 약속도 받았다. 그리고 그는 약속을 지켰다.

다른 곳도 마찬가지였다. 붉은 장미는 유럽의 진보 정당들이 내세우는 '진보의 상징'이라는 설명과 함께 건넨 장미와 보도 자료 봉투는, 일선 기자들은 물론 정치부장들에게도 진보 진영에 관심을 기울이고 배려할 필요가 있다고 생각하게끔 하는 힘이 있었다.

국민승리21의 아침장미팀은 그날로 화제가 되었다. 장미를 받은 기자가 옆자리의 다른 기자들에게 자랑하는 통에 국민회의 기자실에도 왜 나한테는 안 주느냐는 기자들의 미소 띤 항의가 이어졌고, 실수로 첫날 배달을 빠트린 언론사에서는 정치부장이 직접 전화를 걸어 우리 신문사만 빼는 거냐며 기분 나쁘다고 항의해 해명하느라 진땀을 뺐다. 정치부장이 먼저 직접 전화하기는 1997년 대선 기간을 통틀어 처음이자 마지막이었다.

우리에 대한 기사는 당연히 늘었다. 그 뒤 매일같이 단신일지언정 꾸준히 기사가 나갔고, 국민승리21이 아침장미팀을 운영하기 시작했다는 사실 자체가 기사화되기도 했다. 『세계일보』 정치부장은 데스크 칼럼난을 통해 이 사실을 언급하면서 국민승리21에 대한 따뜻한 응원까지 보냈다. 우리가 바라던 대로 정치부 기자들 사이에 잔잔한 감동을 선사한 것은 물론, 진보 진영에 대한 관심도 퍼져 나갔던 것이다.

그러나 〈집시법〉(〈집회 및 시위에 관한 법률〉)의 과도한 금지 및 규제 조항을 피하면서 효율적으로 의사를 표방하는 1인 시위 방식의 이면에는 대규모 대중 집회를 만들어 내기 어려운 상황과 한계가 자리 잡고 있는 것처럼, 대변인실이 아침장미팀을 꾸려야 했다는 것에도 앞서 이야기했듯 진보 진영의 정치적 영향력이 부족하다는 문제가 놓여 있었다. 한두 번의 이벤트를 벌이고, 언론 사업 담당 관련자들이 노력한다고 해서 진보 정치가 이루어지는 것은 아니다. 정치적 실력을 기르고 국민적 신뢰를 쌓는 것이 우선되어야 한다는 점만은 분명하다.

다만 14년 전 겨울, 아침마다 장미 한 송이와 진보 진영의 '목소리'를 들고 국민승리21 대선 캠프가 있던 마포의 일신빌딩에서 달려 나가던 대학생 후배들이 여전히 무척 고마울 따름이다. 지금도 그들의 밝고 환한 모습이 눈에 선하다.

'일어나라, 코리아!' 사건

1997년 대통령 선거를 되돌아볼 때 결코 빼놓을 수 없는 사건이 바로 '일어나라, 코리아!'라는 선거 홍보 방침과 관련된 논쟁 및 내분이었다.

그 논쟁은 단지 선거 홍보 내용에 대한 문제 제기에 그치지 않고, "노동계급을 중심으로 한 민중적 선거 투쟁 원칙에서 벗어났다. 개량주의적 선거운동에 치우친 '국민주의적·애국주의적' 위험성을 내포하고 있다."라는 비판으로까지 확대되었다. 이 비판은 당시 선거에서뿐 아니라 이후 민주노동당 창당 과정에서도 제기되었다. 사건의 개요는 다음과 같다.

선거운동이 한창이던 11월 중순, 마포의 일진빌딩 대회의실에는 30여 명의 선거운동 관계자들이 긴장된 표정으로 모여들었다. 지금껏 비밀리에 작업 중이던 후보자 홍보 포스터 시안이 공개되는 자리였기 때문이다.

선거 홍보의 총괄 책임을 맡은 임종철 홍보위원장이 비밀을 엄수할 것을 재차 강조했다. 그전에 준비했던 '버스 투어' 기획과, 선거운동 본부의 상징물을 꿀벌로 정하려던 계획 등이 타 후보 측에 의해 먼저 사용되거나 도용된 일이 있었기 때문이다.

그동안의 작업 과정을 설명하면서 홍보 포스터 시안 작업을 해온 '광고춘추'라는 기획사도 소개되었다. 생긴 지 얼마 되지는 않았지만 몇몇 작품을 통해 실력을 인정받았다는 설명이 덧붙었다.

지금은 홍보 분야만큼은 전문가 집단에 맡겨야 한다고들 생각하지만, 당시에 나는 놀라기도 했고 우려스럽기도 했다. '우리의 얼굴이 될 홍보 포스터를 내부에서 논의하지 않고 외부 전문가 집단에 맡겼단 말

인가? 우리의 정서와 생각을 과연 그들이 이해할 수 있을까?'

4개의 시안이 공개되었다. 후보자의 얼굴이 포스터 전체를 차지하는 기존의 식상한 구성에서 벗어나려고 노력했다는 광고춘추 측의 설명이 이어졌다. 시안들 가운데 우리를 단연 긴장하게 한 것은 광고춘추 측이 "한국 선거 사상 최초로 시도되는 파격적 작품"이라고 소개한 바로 그 '일어나라, 코리아!' 시안이었다. 제일 눈에 띄긴 했다.

온통 펄럭이는 태극기로 가득한 바탕에 뭔가 다급하지만 자신감을 표현하려는 듯 경사지게 흘려 쓴 '일어나라, 코리아!'라는 구호, 그리고 명함 크기만 하게 들어간 파격적으로 작은 후보 사진.

무거운 침묵이 흘렀다.

"기존의 포스터는 후보의 얼굴을 내세웠지만 이 시안에서는 정치적 주장을 내세웠습니다. 이 포스터가 다른 당의 식상한 얼굴 포스터와 함께 부착되면 우선 시각적으로 압도할 수 있습니다. 그리고 후보의 얼굴과 약력을 자세히 보고 싶은 사람이 포스터에 가까이 다가서게 만들어 더 큰 인상을 심어 주는 효과를 기대할 수 있습니다."

"경제 위기를 겪으며 실의에 빠진 서민들에게 다시 일어서자고 주장하는 힘과 희망의 메시지를 강조했습니다."

설명이 끝난 뒤에도 침묵은 계속되었다.

일부는 충격에 빠진 듯했고, 일부는 광고춘추 측의 설명에 만족해하는 눈치였다. 잠시 뒤부터 몇몇 질문이 오가기 시작했다. 반대하는 사람, 혼란을 느끼는 사람, 찬성하는 사람이 제각각의 질문을 내놓았다.

질문은 자연스럽게 토론과 논쟁으로 이어졌다. 시안에 반대하거나 뭔가 정서적으로 맞지 않다고 느낀 사람들이 '일어나라, 코리아!'보다는 '일어나라, 노동자!'로 바꾸고, 태극기를 뺀 자리에 차라리 민주노총 등 참여 단체의 깃발로 바꾸는 것이 어떻겠느냐는 의견을 내놓았다. 지엽적인 지적이었지만 사실상 시안에 대한 거부감의 표현이었다. 시안에 찬성하는 사람들은 광고춘추 쪽의 의견에 적극 동의했다. 참신함으로 승부하자는 주장도 있었다.

서로 다른 공간에서 다른 경험을 쌓아 온 이들이었다. 진보 진영이라는 큰 틀에서 한데 묶일 수는 있었지만, 국민승리21이 무엇을 지키며 무엇을 공략해야 할지가 공유되어 있지는 않았다. 단지 이해관계와 처지에 따라 서로 다른 주장만 내놓을 뿐이었다. 함께한 시간은 짧았고, 오랫동안 만들어 온 각자의 주장은 견고했다.

'일어나라, 코리아!'에 대한 논쟁은 당시 국민승리21의 한계를 보여주는 것이었지만, 어쩌면 서로의 견해를 좁힐 긍정적 계기가 될 수도 있었을 것이다. 그런데 홍보위원회에서 "새롭게 시안 작업을 하게 되면 선관위 제출 마감 시한을 지킬 수 없다."고 단언했다. 다시 말해 이번에 내놓은 네 가지 시안 가운데 하나를 선택해야 한다는 것이었는데, 이는 이견을 좁히는 대신, 해소되기 힘든 주장들이 충돌하게 만들었다.

실무적 판단이 정치적 결정에 우선하는 매우 기형적인 상황이 발생한 것이다. 반대파는 다수파가 '일어나라, 코리아!'를 밀어붙이려 한다고 생각해 결사적으로 저항했다. 사람을 줄여 회의를 진행하고, 더 책임 있는 단위로 결정이 넘겨질수록 논쟁은 더 격렬해졌고 문제는 커져 갔다. 잠복되어 있던 이념 노선의 문제, 정치철학의 문제로까지 번진 것이다.

일이 이렇게 되자 논쟁을 통해 일이 해결될 수 없었다. 권영길 후보에게 최종 결정이 넘겨졌다. 뒤에 권영길 대표는 당시를 회상하면서 '이번 선거는 이대로 끝나겠구나!' 하는 생각이 들어 탄식했다고 했다. 전국 순회 유세를 하느라 정신없는 후보를 불러다 놓고 서로에게 상처만 남기고 오래 끌어온 논쟁의 결론을 내라고 요구했던 것이다. 권영길 후보는 "모든 책임은 내가 질 테니 시안대로 가자."라고 했다. 이미 법정 선거운동 시작 일이 코앞이었고, 적절한 합의를 끌어내기에는 논쟁이 남긴 골이 너무 깊었다.

앞서 말한 대로 시안은 그저 시안이니 얼마든지 폐기하고 다른 시안을 만들면 그뿐이었다. 그런데 이 실무적 문제가 정치적 견해 차이를 폭발시키는 계기가 되어 노선의 차이를 극대화했다. 이견을 무시하면서까지 의견을 통일시킬 필요는 없겠지만, 선거를 앞두고 그 차이를 극대화하는 것은 자멸 행위와 다름없었다. 당시 국민승리21에는 더 많은 득표를 위해 불특정 다수의 국민에게 이미지로 호소하려는 선거운동의 경향이 분명히 존재했다. '일어나라, 코리아!'를 반대한 측에서 이를 적절히 지적한 셈이다. 하지만 당시 국민승리21이 가진 실력이라고 해 봐야 뻔했다. 진보 진영이 정치적 실력이 없어 축적된 힘을 발휘하기 어려웠기에 급조된 이미지를 활용하자는 것이었다. 게다가 진보 진영의 논쟁과 의견 수렴 방식은 거칠고 공격적이었다. 상대를 원색적으로 표현하는 것도 서슴지 않았다. 가슴 아픈 일이지만 진보 진영이 논쟁을 통해 단결과 단합을 끌어내는 경우는 많지 않았다. 당시에도 마찬가지였다. 결과는 또 분열이었다.

보수는 부패로 망하고 진보는 분열로 망한다고 했다. 논쟁이 이견을 줄이고 상대를 이해하기 위한 과정이 아니라, 쪼개고 나누고 헤어지기 위한 것이어서는 안 된다. 진보 정치가 왜소함을 극복하고 현실에서 대중에게 밥과 떡이 되는 정치가 되기 위해서는, 차이점을 드러내는 수동적인 태도가 아니라, 같은 것을 먼저 찾고 작은 차이를 덮어 가는 능동적이고 실천적인 태도가 필요하다. 2012년 총선과 대선을 앞둔 국면에서도 마찬가지다. 국민들은 원내교섭단체 결성이라는 진보 정당의 숙원 사업보다, 자신들의 삶을 질식시키는 현재의 정치체제를 종식할 힘이 결속되기를 갈망하고 있다. 진보 정치가 여기에 복무해야 한다는 것이, 더 큰 진보 정치를 실현하고자 나선 나의 생각이다.

유일한 출입 기자, 『한겨레』 기자 신승근

사실 대변인실 업무는 내 성격에 그다지 맞지 않았다. 원래 대변인실이라는 곳이 그런 곳인지는 모르겠으나, 당시 국민승리21 대변인실에서 기자나 언론사를 대하는 자세는 그야말로 저자세에 가까운 공손과 친절이었다. 한 사람 한 사람에게 우리 내용을 전달하고 기사화해 줄 것을 당부하다 보면 가끔 비굴한 느낌마저 들었다.

머리를 쥐어짜 기획한 이벤트에 대해 목이 아프게 알려서 기자들이 기사를 써줄 것처럼 긍정적인 반응을 보였어도, 막상 첫 가판이 나왔을 때 그 기대가 산산이 깨지는 날이면 나의 탄식은 깊어졌다.

하지만 견디기 어려운 일도 잘해 내는 편이었기에, 선거가 마지막에 이를수록 대변인실에서 내게 맡겨진 일들을 더욱 '능수능란하게' 수행할 수 있었다. 그런 대로 선거 기간 대변인실에서의 역할을 마치고 나니 추억도 많고 이야깃거리도 많았다. 그중 웃지 못할 일은 『한겨레』 신승근 기자와 공모 아닌 공모를 하게 된 '부천역 장미꽃 사건'이었다. 나중에 민주노동당에서 2004년부터 3년간 대변인으로 활동할 때 보니 이 정도의 '공모'는 정당의 언론 사업에서 흔히 볼 수 있는 일이었지만, 당시 나로서는 해놓고도 민망했다.

선거운동에 정신이 없던 11월 말, 국민승리21 대변인실에 사람 좋게 생긴 남자 한 명이 불쑥 찾아왔다. 이 뜻하지 않은 방문에 우리는 하던 일을 멈추고 멍하니 그를 쳐다보기만 했다.

"『한겨레』 신승근 기잡니다. 국민승리21 출입 기자로 정해져서 오늘부터 이곳으로 출근하게 됐습니다."

웃어야 할지 울어야 할지 모를 일이었다. 다들 속으로 당황했겠지만 기자실이 없다고 출입 기자로 온 사람을 쫓아 보낼 수도 없었다. 그렇다고 한 명뿐인 출입 기자 때문에 없던 기자실을 새로 만들 수도 없었다.

좁아터진 대변인실에 신승근 기자용으로 간이 책상 하나가 급조됐다. 회의용 작은 탁자를 벽에 붙이고 전화 한 대, 통신 전용 전화선 하나가 놓였다. 기삿거리를 제공하는 사람과 제공받을 사람이 한 공간에서 일하는 공생 관계가 어쩔 수 없이 형성되었다. 서로 비밀도 없고 비밀을 숨길 수도 없는 이상한 관계였다. 그래서 알량한 편의를 제공하면서 우리는 신승근 기자에게 말했다.

"이렇게 된 거 기자 하지 말고, 우리 대변인실 직원 하지 그래요?"

나중에는 그가 출입 기자인지 선거운동원인지 모를 정도로 친한 관계가 되었다. 그가 선거운동이나 언론 사업에 대해 이런저런 날카로운 조언을 해주고 우리가 손뼉을 치며 좋은 생각이라고 한 뒤 실천하면, 그걸 다시 기사화하는 뭐 그렇고 그런 관계이기도 했다.

신승근 기자는 국민승리21에 대해 따뜻한 시선을 지니고 있었다. 그 역시 1987년 민중 후보 운동에 적지 않은 영향을 받은 경험이 있어서인 듯했다. 또 직접 와보니 국민승리21의 상황이 안돼 보였기 때문일지도 모르겠다. 기자 정신보다는 측은지심이 더 컸던지 많은 조언을 해주었는데, 그가 쓴 기사도 우리를 잘 이해하고 쓴 것이었다. 그저 보도 자료나 기자 회견문만 보고 쓴 다른 기사와는 깊이가 달랐다.

국민승리21 유일의 출입 기자는 출입한 다음 날부터 나를 괴롭히기 시작했다. 자기에게 매일 기삿거리를 제공해야 한다는 것이었다.

"하루 한 꼭지씩, 국민승리21이든 권 선배(기자들은 기자 출신 권영길 후보를 그렇게 불렀다) 관련해서든 꼭 써야 해요. 못 쓰면 나도 욕먹지만 아마 일손 바쁜 DJ나 이인제 캠프로 가서 그쪽 취재나 도와주라고 할 지도 모르거든요. 『한겨레』에서라도 꼬박꼬박 실어야죠."

고맙고 기뻐해야 할 사람은 나였지만, '기삿거리'라는 것이 그렇게 쉽게 나올 리 없었다. 권영길 후보의 일정은 노조 사업장을 방문하거나 국민승리21 지역 본부 결성식에 참여하는 등 내부 행사에 집중되어 있었다. 신승근 기자의 말처럼 민주노총 위원장이 자기 산하 노조 사업장을 방문하거나 자기 조직인 국민승리21 내부 행사에 참여하는 것이 무슨 뉴스거리가 되겠냐는 생각이 들었다. 그렇다고 매번 무슨 이벤트만 만들고 있을 수도 없었다. 어떻게든 그에게 기삿거리를 귀띔해 주자니 나도 미칠 노릇이었다. 유기홍 대변인보다 신승근 기자가 더 나를 괴롭히는 사람이 되어 가고 있었다.

'사건'이 있던 그날도 나는 신승근 기자로부터 기삿거리를 추궁받고 있었다. 기사 마감 시한이 다 되어 가는 늦은 오후였다. 한 명 있는 출입 기자도 만족시키지 못할 만큼 뉴스거리 없는 국민승리21을 함께 한탄하다가, 내가 지나가는 말로 권영길 후보가 정당 연설회를 끝내고 나서 시민들에게 장미꽃 한 송이씩을 나눠 주면서 '진보의 희망'을 이야기하는데 반응이 괜찮은 것 같다고 했다. 유럽의 좌파 정당들은 장미를 자신들의 상징으로 삼고 있었고, 국민승리21도 상징물 중 하나를 장미로 정해 놓고 있었으니 그럴듯하지 않겠느냐는 설명과 함께.

그런데 갑자기 신 기자가 그거 괜찮다고 하면서 지금 어디에서 유세 중이냐고 물었다. 일정표를 보니 부천역 광장이었다. 내가 어찌해 볼 틈도 없이 그는 그곳에서 가장 가까운 곳에 있는 사진기자에게 연락해서는 권영길 후보가 장미꽃을 나눠 주는 장면을 찍어 달라고 부탁했다. 그러고는 내게 이런저런 설명을 요구한 뒤 책상에 앉아 기사를 작성하기 시작했다. 어리둥절해진 것은 나였다. 왜냐하면 그 장미 이벤트는 아이디어 수준의 이야기였을 뿐 정식으로 기획되지도 않았고, 당연히 실행된 적도 없었기 때문이다.

이 상황에서도 기사 한 꼭지를 위해서는 영혼이라도 팔겠다고 각오한 불쌍한 청년이었던 나는, 거짓말을 했다는 걱정이 들기보다 '한 건 했다.'는 뿌듯함이 더 앞섰다. 신 기자가 기사 작성을 마무리하는 것을 지켜보다가 대변인실을 나와 대변인실에서 가장 멀리 떨어진 곳의 전화기로 후보 수행 팀과 통화를 시도했다. 후보 수행 담당자는 금방 사태를 파악했다.

그날 권영길 후보는 영문도 모른 채 장미꽃 1백 송이를 들고 지나는 시민들에게 나눠 주면서 진보 정치 실현을 다짐해야 했다. 기사는 사진과 함께 다음 날 예쁘게 실렸다.

기사 한 꼭지에 양심을 판 것 같아 괴로웠지만 매일 신문 1면과 정치면을 가득 채운 채 등장해 국민을 기만하는 사람들에 비하면 '경범죄'라고 스스로 위로하며 버텨 오다가 이 기회에 털어놓는다.

유권자엔 장미꽃 '희망' 건네기
보수정치권엔 노란카드 경고
권영길 후보, 이색 선거운동 눈길끌어

권영길 국민승리21 후보측이 3당의 유력 후보와 차별화하는 이색 선거운동을 펼쳐 유권자들의 관심을 끌고 있다.

먼저 장미꽃 한 송이씩 건네는 방식이다. 권영길 후보는 지난 3일 부천시 거리유세를 마친 뒤 무개차량에서 내려 유권자들에게 다가가 장미꽃을 한 송이씩 건넨다. 이날 모두 21 송이의 장미를 건네는 동안 유권자들은 대부분 함박웃음을 지으며 꽃을 받아들었고, 몇몇은 담홍스런 빛을 보이기도 했다.

박용민 국민승리21 언론부장은 이에 대해 "유럽에서 장미꽃은 진보의 상징으로 자리잡아, 토니 블레어 총리 등 영국 노동당원들까지 지난 총선 때 유권자들에게 장미를 건넸다"며 "자유평등 진보라는 장밋빛 희망을 유권자들에게 전달하려는 시도"라고 의미를 설명했다. 국민승리21은 앞으로 펼쳐질 모든 선거운동에 '장미 이벤트'를 연출해 '장미=진보=권영길'이라는 이미지를 고정화한다는 전략을 세워놓고 있다.

권 후보 유세장에서 눈길을 끄는 또 하나의 장면은 '노란 카드' 물결이다. 권 후보가 정치권의 실정을 비판할 때마다 선거운동원과 유권자들은 일제히 10×6cm 크기의 노란 카드를 들어올려 큰 물결을 연출하는 것이다. 이 노란카드는 축구경기에서 경고 표시로 쓰이는 옐로 카드를 본뜬 것으로 현 정치권의 보수적 움직임에 대한 일종의 경고장인 셈이다. 국민승리21 운동원들은 "벌써 레드 카드도 준비해 놓았다"며 "정치권의 보수화가 최고조에 이르면 이 카드도 내보이겠다"고 말했다.

서울 여의도 증권가와 울산·마산 등 공단지역을 중심으로 매일 아침 펼쳐지는 10명 단위의 소규모 선전전도 이색적이다. 무개차와 마이크를 동원한 3당의 유세방식보다는 달리 해당 사업장의 노조원들을 중심으로 꾸며진 정치 실천전을 통해 출근길 동료 직원들을 설득하는 전술이다.　　신송민 기자

권영길 국민승리21 후보가 3일 오후 경기도 부천시 송내역 앞 광장에서 시민들에게 진보를 상징하는 장미꽃을 나눠주며 지지를 호소하고 있다. 윤운식 기자

페이퍼 정당 사건과 '건설국민승리21'

'일어나라, 코리아!' 사건과 더불어 1997년 대통령 선거 활동 과정에서 논란을 일으킨 또 하나의 사건은 일명 '페이퍼 정당 등록 사건'이다.

앞에서 언급했듯이 국민승리21 내부에 국민승리21을 정당 조직의 초기 형태로 삼으려는 시각이 있었다 해도, 형식적으로나 공식적으로 국민승리21은 대통령 선거를 위한 임시 공동 대책 기구에 불과했다. 그렇기 때문에 선관위는 권영길 후보를 무소속 후보로 간주했고, 이 때

문에 법정 선거운동 기간이 시작되기 전 후보 활동과 선거 준비 활동에 어려움이 많았다. 선거법이 주로 정당 후보에게 유리하게 만들어져, 무소속 후보에게만 규제하는 사항이 많았기 때문이다.

정당 후보가 지구당 창당 및 개편 대회라는 형식으로 실제 지역 순회 선거운동에 돌입하고 중앙당 후원회나 정당 연설회 등의 방법으로 다양한 활동을 할 수 있는 데 반해, 무소속 후보의 손발은 상대적으로 꽁꽁 묶인다. 심지어 정당이 아닌 임의단체 결성 등의 행사에 참여하는 것을 두고 사전 선거운동 시비가 일어나기도 해 국민승리21의 후보가 국민승리21의 지역 조직 결성식에 참가하는 것도 선관위의 지적 사항일 때가 있었다.

그뿐 아니라 후보 기호를 배정받거나 공식 텔레비전 홍보 시간에서도 후순위로 편성되어, 실체도 없으면서 이름만 정당인 당의 후보들보다 뒤에 놓이는 것 또한 적잖은 불편함과 손해를 끼쳤다.

이런 상황을 극복하는 방법은 간단했다. 당을 만들면 되었다. 이른바 진짜 진보 정당을 만드는 것이 아니라 말 그대로 등록 요건만 갖추어 서류상으로만 존재하는 '페이퍼 정당'을 창당하면 되는 것이다. (내가 아는 한) 이 페이퍼 정당 창당 방침은 당시 기획위원회를 중심으로 한 실무진들이 주도했는데, 국민승리21의 주요 의결 단위와 대표자 회의에서 이런 방침이 어떻게 논의되었는지는 알 수가 없다. 다만 국민승리21은 시간이 흐를수록 시간만 걸리는 형식적인 의결 단위보다는 실무자들의 목소리가 커지고 있었고, 독자적인 결정과 실천이 각 위원회별로 진행되는 경향이 강했음은 분명하다.

이런 분위기와 상황에서 페이퍼 정당은 속전속결로 추진되었다. 당을 실용적으로만 바라보고 음모적으로 건설한다는 비판은, "이건 당이 아니라 행정적인 편의를 도모하기 위한 형식적인 종이 서류일 뿐이다."라는 반박에 묻혔고, 대선 이후 곧바로 해산 절차를 밟을 것이라는 주장이 우려의 목소리보다 더 큰 설득력을 얻었다.

국민승리21 지역 조직들의 협조를 얻어 지구당 구성요건을 맞춘 뒤 국민승리21 회의실에서는 이른바 '중앙당 창당 대회'가 열렸다. 선관위 실무자 2명이 '창당 대회'를 참관하고 있었고, 중앙 실무자 25명 정도가 창당에 참여했다. 그야말로 법에서 정한 최소한의 절차에 따라 각본대로 행사가 진행되어 10분 만에 중앙당이 만들어졌다. 페이퍼 정당의 창당 의도를 알고 있는 선관위 관계자들도 아무 말 없이 돌아갔다.

'장난 같은 것'이 아니라 우리는 정말 장난을 치면서 '당을 만들었다'. 서로 낄낄대며 〈정당법〉에 규정된 절차와 형식을 조롱했다. 그런데 그 결과는 국민승리21에 참여한 조직들 간의 불신을 더욱 부채질한 것으로 나타났다. 일부 선거주의자·개량주의자들이 노동자·민중에 기반을 두지 않고 음모적으로 당을 만들어 선거 이후 대중적인 평가를 진행하지도 않은 채 진보 정당 논의를 선점·주도하려 한다는 것이 그런 비판의 주된 내용이었다.

내부에 존재하는 불신을 감안하지 않고 편의주의에 따라 페이퍼 정당을 건설한 일을 결코 잘했다고는 할 수 없지만, 비판의 수위도 이미 그런 문제를 넘어선 수준까지 치달았다. 처음 페이퍼 정당 건설을 추진할 때의 문제의식과는 동떨어진 데서 논란이 벌어졌으니 말이다.

선거운동의 편의를 위한 것이라는 애초의 취지에 맞게 페이퍼 정당은 몇 가지 이로움을 가져다주었다. 기호도 4번을 배정받았다.

한 가지 더!

14년 전 대통령 선거를 기억하는 눈치 빠른 사람은 의아하게 생각했을 일이 있다. 조직 명칭은 '국민승리21'이었는데 선거 포스터나 방송 공보에 나가는 '당명'은 왜 '건설국민승리21'이라는 이름이었을까?

선거법에 따르면 선거 기호 순서는 원내 다수당 순서로 원내 정당에 먼저 고정 기호를 부여하고, 원외 정당과 무소속에게 차례로 다음 순서의 기호를 배정한다. 여기에서 원외 정당의 기호 배정 순서는 '가나다' 순으로 정해지는데, 국민승리21을 페이퍼 정당으로 등록시켰음에도 당시 '핵폭탄 개발' 주장을 펼친, 허경영 후보의 공화당에 밀려 5번을 받을 처지에 있었다. 그래서 나온 고육지책이 조직의 명칭을 임의로 바꿔 국민승리21 앞에 '건설'을 붙여 선관위에 신고하기로 한 것이다.

조직 성원 대부분이 생소해했던 건설국민승리21이라는 이름은 그렇게 만들어졌다. 기호의 앞 순서를 받으면 더 좋은 결과를 얻을 수 있으리라는 생각은 도대체 어떤 근거로 생겨났을까? 지금 돌이켜 보면 참 짧은 생각이어서 실소가 나오기도 하지만, 그때는 또 그조차 몹시 절박했다.

그나마 건설국민승리21과 함께 후보 명단에 올랐던 '가자! 국민승리21'과 '가가호호 국민승리21'이 '가나다' 순위에서는 가장 앞선 형태이지만, 그래도 너무 우스워 보이지 않느냐는 의견 덕분에 채택되지 않은 것이 천만 다행이었다고나 할까.

기호 4번을 배정받으리라 생각하고 대통령 후보 서류 접수처에 직접 나왔던 허경영 후보가 기호 5번을 배정받자 당황한 나머지 어떻게 된 일인지를 허둥지둥 확인해 보더라고 전해 주며 재미있어 하던 김두수 국장의 천진난만한 모습이 기억에 생생하다.

자중지란, 적전 분열

숱한 시행착오와 실수, 논쟁과 좌절, 그리고 분열의 조짐 속에서도 국민승리21의 대통령 선거운동은 최선을 다해 전개되었고 각 위원회와 부서들은 바쁘게 움직였다. 조직위원회는 전국 1백여 곳이 넘는 지역 조직들과 노동 조직들을 모아 내기 위해 안간힘을 썼다. 각각 따로 움직이는 단체와 지역 조직을 중앙의 흐름대로 끌어가려 했지만 사실상 지역의 요구에 치여 그 의도를 제대로 실천하지 못했다. 후보 수행을 책임지며 일정을 조정하는 비서실도 정신없이 움직였고, 자원봉사단·기획위원회·정책위원회·유세위원회 등 모든 조직이 최선을 다하고 있었지만 뭔가 엉성하고 불안했다. 애를 쓰고 있지만 헛물만 켜고 있다는 느낌을 떨칠 수 없었다. 집중력이 떨어졌고 분명한 목표를 공유하지 못했다.

국민승리21이 노동자 중심성에서 이탈하며 자기 정체성을 잃었던 것을 선거에 참패한 원인이라고 지적하는 이들도 있지만, 이는 운동권 내부에서나 받아들여질 자기중심적 평가였다. 당시 재야 노동 진영에서는 어떤 일을 실사구시 정신에 입각해 분석적으로 평가하는 것이 아니라, 자기와 다른 노선·정파에 부담을 안기는 방향으로 평가하기가 일쑤였다. 게다가 내가 볼 때는 그런 평가조차 그 당시 국민승리21을 지나치게 높게 평가하는 것이었다. 차라리 일치단결해서 그런 '잘못된 노선'이나마 일관되게 추진했더라면 선거 이후 그렇게 맥이 풀리지는 않았을지도 모른다.

국민승리21은 사실상 제대로 된 하나의 팀을 이루었다고 보기 어려웠다. 결국 힘 한 번 써보지 못한 채 우왕좌왕하다 선거를 끝냈다. 중앙의 각 부서와 전국의 모든 지역 조직은 제각각 움직였고 심지어 어떤 부서는 같은 부서 내에서조차 선거 기간 내내 이견을 조율하다 끝내기도 했다. 민주노총에서, 전국연합에서, 진보정치연합에서, 정치연대에서, 그리고 이보다 더 많은 여러 지역의 각 단체에서 파견된 활동가들은 저마다 생각이 달랐다.

수년간 각기 자기 분야에서 나름의 활동 방식과 경험을 쌓아 왔던 사람들이 어느 날 갑자기 모여 멋진 팀워크를 발휘할 리가 없었다. 서로의 차이를 이해하고 공유할 수 있는 부분을 만들어 가기엔 시간은 너무 짧았고 코앞에 닥친 대통령 선거의 과제는 너무 컸다.

국민승리21은 득표에 실패한 것이 아니라 자신을 제대로 세우는 일에서부터 헝클어진 것이다. 안을 세우고 정돈하는 일에 실패했으니 밖을 도모하는 일은 불가능했다.

이러다 보니 선거운동도 효율적으로 진행하지 못했다. 영남·호남·충청 등 권역별로 후보 일정을 짜는 것이 아니라, 각 지역 조직의 요구에 따라 일정을 정하다 보니 '오늘은 광주, 내일은 강릉' 하는 식으로 후보를 혹사시켰다.

뭔가 파격적인 거리 유세를 위해 과감하게 구입한 최신형의 유세 차량이 가동 이틀 만에 화재로 전소되는 불상사까지 겹쳤다. 그 유세 차량 구입 비용은 두고두고 국민승리21의 부채로 남아 우리를 괴롭혔다. 당시 차량은 한쪽 벽면이 자동으로 들어 올려지는 윙카였는데 음향 시설, 영상 모니터 시설, 연단 등이 완벽하게 갖춰져 있었다. 우리에게 그런 시설이 필요하겠느냐는 의구심 속에서 거금을 들여 구입했을 만큼 최신형 무기였는데 이틀 만에 그런 일이 생기고 나니 모두 기운이 빠진 것이 당연했다.

1백여 명이 넘는 거대한 중앙 조직 상근자들과 모든 지역 조직이 각자의 위치에서 최선을 다했지만, 조화와 집중이 이루어지지 못해 서로 겉돌았다. 문제는 이런 모습을 타개하고 극복해 가야 할 최고 지도부에서부터 갈등과 분열이 거듭되었다는 데 있었다.

결국 최고 지도부가 조직을 통합하고 통제할 수 있는 능력을 완전히 상실한 가운데 대선 이후의 진로와 전망을 고민하거나 제시하지 못했고, 정치연대는 선거운동 방식과 조직 운영에 대한 문제점을 지적하며 이탈을 선언했다. 전국연합 또한 선거운동이 한창 진행 중인 11월 말 임시 대의원대회를 열어, 선거 이후 국민승리21에서 철수하기로 하고 국민승리21의 해산을 공식 요구하기로 결의했다. 사실상 분열되었음을 명확히 하면서, 국민승리21이 결성되기 전으로 모든 것을 되돌리려는 결정이었다(전국연합의 결정을 주도했던 이들이 2000년 민주노동당 창당 이후 당이 확장할 가능성이 보이자 전면적으로 결합하기로 결정하고 당내 주도권을 장악한 것은 곱씹어 볼 만한 일이다).

이런 어수선한 분위기 속에서 투표일은 다가왔다. 우리의 모습은 허리까지 잠겨 오는 늪에 빠진 채 앞으로 한 걸음도 나아가지 못하고 발버둥을 치는 꼴이었다. 결국 주먹 한 방 제대로 날리지 못하고 링에서 내려와야 했다.

1997년 겨울, 제15대 대선은 그렇게 허무하게 끝났다.

다시 시작하다 : 지도자는 어떠해야 하는가

개표 시작 한 시간이 지나자 김대중·이회창·이인제를 제외한 나머지 후보들은 아예 개표 방송에 포함되지도 않았다. 잠시 잠깐 비추어지는 전체 상황 점검 때 보니 권영길 후보에 대한 지지율은 적었다. 너무 적었다. 믿고 싶지 않을 정도로 미미한 수치였다.

아직 개표 초반이니까……. 답답해진 몇몇은 서로를 위로하면서 인터넷에 접속해 개표 결과를 확인하고 있었다.

"울산은 좀 어때요?"

"아직…… 똑같아."

우리가 내심 기대하던 울산에서마저 권영길 후보에 대한 지지는 낮았다. 현대자동차 조합원들이 밀집해 살고 있다는 북구 양정동에서 45퍼센트에 이르는 지지율이 나오고 있다는 소식에 모두 잠시나마 눈빛을 반짝이기는 했지만, 전국적 상황은 1992년 대통령 선거 결과보다 더 나쁠지도 모른다는 불안감마저 갖게 했다. 그건 차라리 공포였다.

저녁 9시를 넘기자 사람들은 사무실 이곳저곳에서 맥주를 마시며 한숨을 내쉬거나 삼삼오오 모여 밖으로 빠져나가기 시작했다. 혹시 방송사에서 선거본부 표정을 찍으러 올지도 모른다고 만들어 놓은 텔레비전 시청실과 개표 상황판은 사무실 분위기를 더욱 을씨년스럽게 했다.

'30만6,026표, 1.2퍼센트'라는 참담한 결과가 덩그러니 우리 앞에 놓았다. 어떻게 해도 도무지 긍정적인 평가를 내리기 힘들 것 같은 결과였다. 너무 가슴이 아팠다. 서로의 얼굴을 똑바로 쳐다볼 수가 없었다. 첫 정권 교체 성공이라는 역사적 평가도 우리와 상관없는 일처럼 느껴졌다.

다음 날 아침, 권영길 후보와 15~16명 정도의 활동가들만이 여의도 증권가로 나가 출근하는 사무직 노동자들에게 대선을 마무리하는 성명서와 붉은 장미 한 송이를 나눠 주었다. 핏기가 가신 얼굴에 희망도 웃음도 없이 채 어둠이 빠져나가지 못한 여의도 전철역 입구에 서서 마지막 전투를 묵묵히 수행했다.

눈물이라도 한바탕 쏟고 싶었다. 대한민국에서 진보 정치를 실현하고 진보 정당을 세우는 것은 진정 닿을 수 없는 꿈일 뿐인가. 왜 노동자들은 자신들의 후보를 외면하고, 민중은 왜 우리에게 이토록 매몰찬 것일까. 내 지독한 사랑의 대상이었던 노동자·민중에 대한 원망이 처음으로 격하게 솟았다. 1992년 대선 때도 이렇지는 않았다. 숱하게 패배한 투쟁 뒤에도, 감옥에 들어간 뒤에도 이렇지는 않았다. 그날 아침 우리에게 눈길 한 번 주지 않고 바삐 걸음만 재촉하는 그들이 그렇게 미울 수가 없었다.

'또 당해 봐라. 당신네들이 결정한 것이니까 당신들의 책임이다. 앞으로 5년간 또 당해 봐야 정신을 차리겠지. 그때 후회해 봐야 소용없다는 걸 알리려면 또 당해 봐야 한다.'

내 마음속에서 저주 같은 원망이 이어지고 있었다. 스물여섯 살이었다. 아직 젊은 나이였다. 농부는 결코 밭을 탓하지 않는다는 미담의 깊은 뜻을 알 리 없었고, 당장의 감정마저 추스르기 어려울 만큼 패배를 감당해 내기엔 너무 어렸다.

막막했다. 당장 무엇을 하고 앞으로 어떻게 해야 할지 알 수 없었다. 누구도 감히 다시 시작하자는 이야기를 꺼내지 못했다. 진보 정당 건설은 여전히 나의 희망이었지만 이젠 자신이 없었다. 사람들은 이미 흩어졌고 흩어지고 있었다. 선거가 끝난 지 12시간도 되지 않아 국민승리21은 제 기능을 완전히 상실했고 사실상 해체되어 있었다. 중앙 조직이 이랬으니 지역 조직들은 더 말할 필요가 없었다. 흥겹지 않은 잔치는 끝나고 사람들은 모두 자리를 털고 일어났다. 어떻게 뒷수습을 할지를 생각하면 아득하기만 했다.

며칠 뒤 마포 일진빌딩 사무실 계약 기간이 다 되어 짐을 빼기 위해 이것저것 정리하는 어수선한 와중에, 권영길 후보가 상근자들과 마지막으로 간담회를 갖자고 제안해 왔다. 사실상의 선거본부 해단식이었다. 초라했다. 무슨 무슨 위원장이라는 직함을 가진 수십 명의 간부들은 거의 찾아보기 힘들었다. 그들에게는 돌아갈 곳이 있었다. 교수는 대학으로, 노조 위원장은 노동조합으로, 명망가는 자신의 이름이 빛나는 자리로 돌아갔다. 진보 정치가 또 한 번 좌절해도, 진보 정당의 희망이 무너져도 어떤 이들은 그다지 크게 상처 입지 않을 수 있었다. 그들은 하나같이 "진보 정당은 시기상조"라고 말하고는 자신들의 '따뜻한 자리'로 돌아간 것이다.

스무 명 남짓한 상근자들과 자원봉사자들이 아무렇게나 의자를 차지하고 앉았다. 권영길은 그 자리에서 우리에게 "다시 일어나 앞으로 가자."라고 '감히' 제안한 첫 번째 사람이었다. 다른 누군가가 이런 이야기를 했다면 그냥 넘겨들었을 것이다. 그런데 대통령 후보였던 사람이, 민주노총의 현직 위원장인 사람이 우리에게 다시 시작하자고 말하고 있었다. 그는 바위를 뚫는 작은 물방울 이야기를 했다. 우리가 흘린 지난 몇 달 동안의 땀방울이 바위를 뚫는 물방울이 될 것이라고, 그는 말했다.

그냥 지나칠 수 있는 말이 아니었다. 앞길이 얼마나 험난할지, 어쩌면 자신도 의미 없는 물방울이 될지 모른다는 것을 알고 있는, 각오가 서린 발언이었다.

선거운동 당시 두 번이나 민중 후보로 나선 바 있던 백기완 선생과 권영길 후보를 비교하는 이야기가 많았다. 대부분의 경우 사람들은 백기완 선생이 보여 주었던 카리스마 넘치는 대중 선동 연설에 대한 기억 때문에 권영길 후보가 그렇지 못함을 아쉬워했다. 나 역시 그렇게 평가했다. 우리처럼 가진 것 없는 처지에서 단 한 사람, 후보만이라도 도드라져 보여야 한다고 생각했다. 선거운동 기간 내내 '권영길이 아니라 백기완이었다면 어땠을까.' 하는 가정이 내 머리에 맴돌았던 것도 사실이다. 백기완 선생은 장점이 도드라져 보이고 권영길 후보는 단점이 먼저 보이는 스타일이었기 때문이다.

그러나 그 초라한 해단식 자리에서의 발언 이후 권영길에 대한 내 평가는 완전히 달라졌다. 그는 여전히 민주노총 현직 위원장이었다. 지금은 위상이 많이 작아졌지만 첫 정치 총파업을 성공시키고 1년도 채 지나지 않은 그때의 민주노총 위원장 자리는, 운동 진영뿐 아니라 국민에게도 명예와 힘을 의미했다. 아무도 민주노총을 무시할 수 없었고 누구도 민주노총 위원장을 홀대하지 못했다. 어떤 문제를 사회적 의제로 여론화해 관심사로 만들기 위해서는, 이름만 걸어 놓는 차원에 불과할지라도 민주노총의 참여가 없으면 안 될 정도였다. 조합원이 50만 명을 넘는 민주노총은, 대한민국 어떤 단체에도 뒤지지 않을 만큼의 조직력과 활동력을 갖추었을뿐더러, 1996년 노동법 총파업으로 국민적 인지도와 지지도가 높았기 때문이다.

선거가 끝나고 많은 이들이 자기 자리로 미련 없이 돌아섰을 때 사람들은 권영길도 '후보'자를 떼고 '위원장'으로 돌아가리라고 생각했다. 그런데 그는 그 좋은 민주노총 위원장 자리를 포기하겠다는 뜻을 밝혔다. 실패 가능성이 훨씬 큰 험한 길로 함께 들어서자고 말했던 것이다. 나는 놀랐다.

희망의 불씨가 보이는 것 같았다. 누군가가 30만6천여 표에 담긴 작지만 소중한 부름에 응답해야 한다면, 그것은 후보인 권영길이었다. 그리고 그는 조용히 그 부름에 답했다.

당시로부터 5년 전 1992년 대선 때, 백기완 선생이 먼저 저랬더라면 얼마나 좋았을까? 오대산 기슭에서 장작을 패는 모습을 보일 것이 아니라, "앞으로 나아가자!"라는 사자후를 토해 냈더라면 오늘 우리는 더 당당한 모습이 아니었을까? 권영길의 담담한 연설을 들으며, 1992년 대선 당시 스물두 살이었던 내가 '전투적 민중 정당'이라는 이름으로 꿈꾼 진보 정당의 길을 다시 한 번 걸을 수 있겠다고 확신했다. 나만이 아니라 그 자리에 있던 다른 이들도 하나둘씩 희망을 품게 되었으리라 생각한다.

권영길은 그때 절망에서 희망을 건져 낼 유일한 사람이었다. 지도자는, 특히 정치 지도자는 그래야 한다고 생각한다. 모두가 실패할 것이라고 말하며 주저할 때, 자신의 모든 것을 던져서까지 과감하게 결단하고 도전할 수 있어야 한다. 새로운 것에 대해 도전한다면서, 익숙하고 따뜻한 둥지를 박차고 나서려는 결단이 따르지 않는다면 아무것도 이룰 수 없다. 어떤 이득이 있을지를 생각하지 않고 어떤 것이 더 옳은지를 생각하는 자세가 필요하다. 지금 나 역시 그런 자세를 지녔는지 늘 자문한다.

초라한 해단식이 끝난 뒤 떠날 사람은 떠나고 남을 사람만 남았다. 겨울비가 우울하게 쏟아지던 어느 날, 짐을 짊어 맨 우리는 삼선교의 어느 허름한 교회 교육관 건물로 패잔병처럼 옮겨 갔다. 곳곳에 나눠 주고 헐값에 매각했음에도, 주인 없는 책상이 30여 개나 남아 있었다. 쓸 사람보다 많은 책상과 의자가 그토록 부담이 되고 사람을 우울하게 만들 수 있다는 사실을 그때 처음 알았다.

나는 일단 전국연합으로 복귀했다. 전국연합 정치부장이었던 나는 국민승리21을 해산하고 독자 정당 작업은 원점에서 다시 논의한다는, 전국연합의 11월 말 임시 대의원대회의 결정에 따라 일단 전국연합으로 원대 복귀했지만, 진보 정당 건설을 사실상 포기한 그곳에 내가 더 남아 있을 이유는 없었다. 비록 전망이 보이지 않을지라도 '진보 정당 건설'을 자신의 과제로 삼고 있는 곳이야말로 내가 서있어야 할 자리라고 생각했다.

1998년 3월 전국연합 정기 대의원대회가 끝난 뒤 사표를 냈다. (지금은 새세상연구소 소장인) 최규엽 당시 전국연합 정책위원장과 김두수 국장도 전국연합을 떠나 국민승리21에 몸을 실었다. 험로임이 분명하지만 동시에 내가 하고픈 일이기에 즐거움이 넘치는 길이 될 것이라고 확신했다.

나만 그런 마음을 품은 것은 아니었다. 대선 패배의 폐허 위에서 다시 시작하려는 무모한 용기를 가진 사람들이 있었다. 희망이 없는 시대에 스스로 희망을 만들겠다는 사람들이 있었다.

대규모 정규전에서는 패했지만 게릴라전에서부터 다시 시작하는 사람들, '국민승리21'이라는 낡은 배를 지켜 진보 정당 건설의 희망을 띄우려던 이들은 절망으로 가득했던 1998년을 함께한 민주노동당 운동의 개척자들이었다.

그 10여 명의 사람들이 없었다면 한국에서 진보 정당의 원내 진출은 없었을 것이고 무상교육, 무상 의료, 복지국가에 대한 목소리 또한 언제 나왔을지 모를 일이다.

때로는 버티는 것이 진보일 수 있다

삼선교의 낡은 교회 교육관 건물에서 '진보 정당 준비 조직'으로서 활동을 시작한 국민승리21에 주어진 임무는 막연함 그 자체였다. 막상 당을 만들기로 했지만 그저 이름을 내건다고 당이 되는 것이 아니었다. 누군가가 길거리에서 '민중당' 한의원과 보석 가게 '진보당' 간판을 보고 들어와서는, 우리나라에 이미 진보 정당이 많다고 우스갯소리를 한 적이 있지만, 도대체 얼마나 준비가 되어야 창당을 할 수 있는 것인지는 아무도 몰랐다. 어느 정도의 단계에서 발기인대회를 열고 준비위원회를 결성하는지, 다른 단체들이나 활동가들이 우리가 자처한 진보 정당 건설 임무를 인정해 줄지 무엇 하나 분명하지 않았다. 열의는 있는데 당장 해야 할 일을 모르는 답답함은 우리를 괴롭게 했고 주변 상황도 최악이었다.

'정리 해고 합의'로 인한 심각한 내분을 겪은 민주노총에는 신임 이갑용 집행부가 들어섰지만 '당 건설을 통한 노동자 정치 세력화'를 천명했던 1997년 초 대의원대회 결정을 수행할 여력까지는 없었다. 지도부에 대한 불신을 극복하고 산하 모든 사업장에 가해지는 정리 해고와 구조 조정 위협을 물리치기 위해 조직을 추스르는 것이 최우선 과제였다. 민주노총은 한껏 안으로 움츠러들었다.

전국연합은 앞서 말했듯 대선이 코앞으로 다가온 1997년 11월 말 임시 대의원대회를 열고 선거 이후 국민승리21을 해산시키기로 결정했다. 각 지역별로 역량을 쌓고 준비하면서 지역 운동과 대중운동을 통해 진보 정당을 결성해야 한다는 것이었겠지만, 당장의 당 건설 운동에서는 발을 빼는 것이었다.

정치연대 역시 선거가 끝나기 무섭게 선거 기간에 있었던 '일어나라, 코리아!' 등 비계급적 선거운동에 비판을 가하면서 국민승리21의 해산을 촉구했다.

결국 엄청난 돈을 들여 많은 단체와 활동가들이 모여서 대선을 치러 냈지만 상황은 그 이전으로 되돌아갔다. 대통령 선거 기간 동안 인적·물적 토대를 마련해 진보 정당을 건설하겠다는 계획은 물거품이 된 셈이다.

그저 권영길을 비롯한 열대여섯 명의 활동가들이 남아 진보 정당 건설의 꿈을 이루기 위해 노력하고 있다는 사실만이 대선 이전과 달라진 작은 발전이라고 할 수 있다.

삼선교로 이사 온 뒤 처음 몇 달 동안은 대선 때 위원장 직함을 가졌던 몇몇 사람들이 가끔 찾아오기도 했지만 차츰 출입이 뜸해지다가 결국 상근자들만 사무실을 덩그러니 지키게 되었다. 1998년 3월 이후로 대선 당시 지역별로 꾸려진 국민승리21의 지역 조직들을 다시 챙기고 연락해 복원하는 작업과, '예비 당원'이라는 이름으로 국민승리21의 회원을 모집하는 작업이 진행되면서 삼선교는 조금씩 활기를 찾아갔다.

문제는 그렇게 남아 있는 국민승리21에 대한 다른 단체들의 못마땅한 시선들이었다. 전국연합은 (해산할 것을 촉구한) 자신의 결정에도 불구하고 독자적으로 창낭하겠다는 의지를 표방한 국민승리21에 좋은 감정을 가질 리 없었고, 정치연대에 속한 단체와 개인들 역시 국민승리21이 반성은 없이 진보 정당에 대한 논의를 선점하고 있다면서 비판의 날을 세웠고 해산을 촉구했다.

분위기가 이렇다 보니 사회단체들 간에 무슨 연대 기구를 결성하거나 공동의 집회를 계획하기 위해 모인 자리에서 국민승리21을 따돌리는 듯한 묘한 분위기도 있었다.

"아니, 왜 정당이 여기에 오셨나? 여긴 사회단체들이 모이는 자리인데 말야."

"우리는 국민승리21이 해산된 걸로 아는데, 거긴 뭐죠?"

이런 면박을 당하면서도 굳세게 자리를 지킨 것은, 그렇지 않으면 정말 그대로 희망이 사라져 버려, 또 얼마나 많은 세월이 지나야 정당 건설을 새롭게 논의하며 실천할 수 있을지 모를 것 같았기 때문이다.

당시에는 참여연대와 같은 시민사회단체가 막 생겨나 활발하게 활동하고 있었다. 시민사회단체는 정치적 중립성을 표방했는데, 그것은 가치중립이라기보다는 기계적·형식적 중립이었다. 가치 지향과 무관하게 정치 정당과는 함께 일할 수 없다는 것이었다. 그러던 시민사회단체가 이명박 정권이 들어서면서 온갖 고초를 겪은 뒤 '시민 정치 운동'이라는 이름으로 정치의 마당에 나서고 있다. 반가운 일이고 책임감 있는 태도로 보인다. 그 힘이 우리 정치와 우리 사회를 더욱 풍부하게 할 것으로 기대한다.

하지만 1998년 당시 시민사회단체의 기계적 중립은 진보 정당을 만들겠다는 우리의 노력을 홀대하는 것처럼 보였다. 도대체 '시민사회단체'와 정치조직 또는 정당이 한자리에 앉아 회의하고, 성명서에 이름을 올리고, 깃발 들고 함께 투쟁할 수 없다는 주장의 근거가 무엇이었을까? 지금은 우리가 이렇게 보잘것없지만 몇 년 뒤에도 과연 우리를 우습게 볼 수 있을지, 또한 지금은 해산하지 않는다며 구박하지만 과연 결국 누구의 말이 맞았는지는 당을 건설하고 나서 다시 이야기해 보자는 오기도 생겼다.

하지만 무엇보다 우리를 괴롭힌 것은 외부 단체의 홀대가 아니었다. 당 건설의 전망이 보이지 않는다는 것이야말로 가장 괴로운 일이었다.

1992년에 이은 1997년 대통령 선거의 비참한 결과는, 이 땅에 진보 정치를 구현하고 이념적 정당을 실현한다는 것이 과연 가능한 일인지를 의심하게 하는 동시에, 그것을 먼 훗날의 과제로 미뤄 두는 사실상의 패배주의마저 불러왔다. 선거 패배의 후유증을 수습하며 당 건설을 자신의 임무로 삼아 출발한 국민승리21이 1998년 3월부터 CMS(자금관리 서비스) 체계를 구축하고 창당 시 당원이 된다는 조건으로 회원 모집에 나섰지만 그해 여름이 지나도록 채 1천 명을 넘어서지 못했다. 또 모집된 회원들도 대부분 상근 활동가의 지인이거나 개인적인 관계로 가입한 경우가 대부분이었다. 어느 단체, 어느 정치 그룹도 진보 정당 창당의 의지를 실어 공개적으로 참여하지 않았고, 일부에서는 이 회원 모집을 '국민승리21파'를 강화해 줄 것이라는 정파적 이해 아래 거부·저지하는 흐름도 있었으니 참 괴로운 일이었다.

진보 정당을 만들어야 한다는 대의에는 모두가 인정하지만 정작 나서는 사람은 없고, 하겠다고 나선 사람은 의심의 눈초리와 손가락질을 받는 등 진보 진영 내부의 견디기 힘든 분위기가 1998년 내내 나를 짓눌렀다.

그때 우리는 해가 지고 나면 삼선교 나폴레옹제과 뒤편 시장 골목의 허름한 국밥집에 모여 앉아, 돼지비계를 씹고 막걸리를 들이키며 희망과 울분을 한데 섞어 떠들기 일쑤였다. 지금은 하천 복원 공사를 거쳐 성북천이 된 자리였다. 겨냥 없는 이야기가 오가고 우스갯소리가 반,

한숨 소리가 반인 절망적인 술자리가 그해 가을까지 이어졌다.

그러던 어느 날 저녁, 더운 여름 기운에 막걸리가 부글부글 끓어 대던 술자리에서 누군가가 쉰 김치 조각을 뒤적이며 갑자기 뚝 끊어진 어색한 침묵 한가운데로 한마디를 던졌다.

"기운 내자고. 가끔은 말이야. 버티는 것이 진보일 때가 있는 법이야."

앞으로 나아가기는커녕 제자리를 지키는 것만으로도, 진보일 수 있다! 정말 그렇다면 실천적 깃발을 내리지 않고 악착같이 버티는 오기가 오히려 진보인 것이었다. 당장 진전이 없다고 주저앉는 것이 사실상의 패배이자 포기라는 점에 비추어 봤을 때, 버티는 것이 진보라는 말은 딱 들어맞는 표현이었다.

그날 이후, 술자리가 파하고 술기운을 되새김하며 미아동 집까지 꽤 먼 길을 터덜터덜 걸어가는 밤이면 나는 그 말을 되씹곤 했다.

'그래 버티는 거야. 이렇게 주저앉을 수는 없으니까. 누가 이기나 해 보는 거야.'

그때 삼선교에 살았던 우리의 임무는 정말 버티는 것이었다. 그게 진보였다. 1998년 내내 우리는 한 치 앞으로 나아가지 못하면서도 그 자체가 역사의 진보인 '희한한 정치 구도' 속에서 허우적거리고 있었다.

권영길은 침묵 속에서 민주노총의 움직임을 주목하고 있었고 국민승리21 상근자들도 조용히 새로운 구도가 열리기를 기다렸다. 나는 신문 배달을 하다가 두 번이나 교통사고를 당했고, 5월에는 새벽같이 집으로 들이닥친 형사들에게 연행되는 등 안 좋은 일만 있었다. 노동절 민주노총 집회에 참석했다는 이유에서였다. 이래저래 1998년은 국민 승리21이나 내게 정말 힘든 한 해였다.

민주노총 이갑용 집행부와의 불편한 기류

진보 정당 건설을 분명한 목표로 내세우기는 했지만 우리는 당장 손에 쥔 것이 아무것도 없었다. 국민승리21을 결성한 단체 중 제일 먼저 손을 털고 떠난 정치연대는 애초 단체별·개인별로 납부하기로 정한 분담금조차 다 내지 않은 채 떠났고, 전국연합과 민주노총 또한 파견했던 활동가들을 소환하며 이후 관계에 대한 아무런 계획도 세우지 않음으로써 사실상 관계를 절연하고자 했다.

재정적 어려움은 말할 수 없이 컸다. 마포 일진빌딩에서 삼선교로 사무실을 대폭 줄여 옮기면서 생긴 보증금 차액과 사무 집기 등을 팔아 남긴 몇 푼의 돈만이 수중에 남았을 뿐이었다. 오히려 대선 기간에 떠안은 막대한 부채가 목줄을 조이고 있었다.

빚쟁이나 외상값을 독촉하러 온 기획사 직원들의 방문은 진보 정당 건설이라는 지고지순한 이상을 참 구질구질하게 보이게까지 했다. 나중에는 소송을 걸겠다는 경고문까지 팩스로 받았던 기억이 난다. 상황이 이랬으니 상근자에게 활동비가 주어질 리 없었다. 상근자 중에는 식사비를 아끼고자 도시락을 싸오는 사람이 있었고 크고 작은 아르바이트를 하는 경우도 있었다.

나중에는 근처 공사장 인부들에게 밥을 대는 허름한 밥집이 같은 건물에 생겨 우리도 싼값에 식사를 해결하게 되었고 일주일에 3만 원씩이나마 활동비를 받을 수 있게 되었다. 1년이 52주이니 '연봉 156만 원'짜리 일자리였지만 누구도 개의치 않았다.

나는 그나마 대학 교지나 학보사 등에서 원고 청탁이 들어왔고 총학생회나 단과대 학생회에서 강연 요청이 있었기에, 불규칙하지만 별도의 수입도 있었다. 어떻게든 지출을 줄여야 살 수 있었기 때문에 차비를 아껴 볼 요량으로 자전거를 샀는데 (버스로 넘을 때는 미처 몰랐던) 미아리 고개의 가파른 오르막의 위력에 일주일도 못되어 자전거 출퇴근을 포기했다. 그렇게 어려웠던 시절에도 술 마시고 데이트도 했으니, 3만 원이 일주일을 살기에 결코 작은 돈만은 아니었던 모양이다.

재정적 어려움만큼이나 국민승리21을 힘들게 한 것은 뜻밖에도 민주노총과의 관계였다. 국민승리21은 사실상 민주노총의 결의에 의해 만들어진 것이나 다름없었다. 그러니 당연히 국민승리21에 민주노총이 '비빌 언덕'이 되어 주어야 했지만 당시 사정은 그렇지 못했다.

새로 선출된 이갑용 집행부는 이른바 '현장조직대표자회의'가 배출한 집행부로서 나름대로 전투적이고 강경한 노선을 견지했고, 초대 권영길 집행부의 노선에 매우 비판적이었다. 김영삼 정권하에서 노동법 개혁을 논의하는 노사정 기구에 참여한 것이나, 총파업을 강력하게 밀어붙이지 못한 것은 모두 이른바 '국민과 함께하는 노동운동'이라는 타협주의 노선 때문이라고 판단했다. 따라서 이갑용 집행부에게 전임 권영길 집행부의 노선과 방식은 모든 면에서 재검토하고 쇄신해야 할 대상이었다. 이는 권영길이 주도하는 진보 정당 건설 운동을 견제하는 것으로 나타났다.

대선 당시 '일어나라, 코리아!' 사건이나 '페이퍼 정당' 사건 역시 이런 노선의 연장선에서 벌어진 일이라고 보았기 때문에 국민승리21 역시 쇄신의 대상이었던 셈이다. 한편으로는 김대중 정권의 구조 조정과 정리 해고 공세에 맞서 당장의 투쟁에 온 신경을 쓰다 보니 '선 대중투쟁, 후 정치 사업'의 구도가 자연스럽게 만들어지는 듯했다.

이갑용 집행부로서는 대의원대회 결정 사항이었던 진보 정당 건설 사업 자체를 부정할 수는 없었다. 국민승리21이 마땅치 않았지만 막상 국민승리21을 대신할 정치조직을 만들 여력은 없었다. (이갑용 집행부와 입장이 비슷한) 정치연대는 "진보 정당은 합법 개량주의이며 의회에 매몰될 수밖에 없는 잘못된 노선"이라는 입장을 고수하며 진보 정당 사업 자체를 부정하는 극좌적 태도를 보였기에, 여기에서도 진보 정당 건설 사업의 새로운 맹아를 찾기는 어려웠다. 이갑용 집행부가 초기에 진보 정당 건설에 소극적일 수밖에 없는 이유였다.

사실 나 역시 1997년 대선 운동 본부에 결합하기 전에는 이런 노선에 서 있었다. PD 학생운동의 전국적 연석회의에서 지도적 위치에까지 섰던 내가 이갑용 집행부와 비슷한 노선에 동의하지 않게 된 것은, (대선을 치르는 과정에서) 실사구시의 관점을 저버린 진보는 진보가 아니라고 생각하게 되었기 때문이다. 현실을 통제하지도 따라가지도 못하면서 자기중심성만 강조하는 태도로는 어떤 변화도 가져오지 못한다는 것을 보았기 때문이다. 결국 진보 정당 건설 문제를 놓고 나는 내가 몸담고 있던 정치 그룹과 결별하게 되었다. 나중에 이 그룹 전체가 민주노동당에 참여하게 되었지만, 나로서는 외톨이가 되는 힘겨운 시절이었다.

총파업 투쟁과 노조 문제만으로도 일손이 부족했던 이갑용 집행부로서는 정당을 건설하겠다고 나선 국민승리21이 영 못마땅했음에도 막상 이를 대신할 정당을 건설하는 데에 투입할 역량은 없었다. 국민승리21에 대한 민주노총 측의 냉담한 분위기는 결국 당 건설 운동에 대한 수수방관으로 나타났다. 그나마 1998년 5월 20일 민주노총 임시 대의원대회에서 "국민승리21을 확대·개편해 6·4 지방선거에 총력 대응하고 1999년까지 진보 정당을 창당한다."라는 결정이 나면서 국민승리21은 (진보 정당 건설의 한 주체로 규정되었기 때문에) 일단 해체 대상의 처지에서 벗어날 수 있었다.

하지만 6·4 지방선거에 공동의 이름으로 후보를 낸 것 말고는 '확대·개편'을 위한 어떤 노력도 진행되지 않았다. 민주노총의 각종 행사와 집회에서 국민승리21이 노동자를 대상으로 회원을 모집하고 당 운동에 대한 선전물을 배치·배포하는 일마저 눈치가 보일 정도였다.

그러나 국민승리21로서는 예비 당원을 확보하는 일이야말로 당장 생존의 문제이자 당 건설의 토대를 쌓는 일이었기에, 모든 공간과 기회를 활용해야 했다. 전임 민주노총 위원장이라는 이유로 노조들과 연맹에 강연을 다니던 권영길 대표를 수행하는 사람은 꼭 회원 가입 원서를 들고 가서 강연 도중에 배포하고 수거해 와야 했으며, 몇 장의 회원 가입 원서를 받아 왔는지가 강연회의 성과를 가늠하는 기준이 되었다.

회원 가입을 머뭇거리는 조합원들에게 강연 중에 두 번 세 번 가입 원서 작성을 권유하는 말을 해야 했던 권영길은 우리에게 '쓰세요 대표'로 불렸다.

한편으로는 각 연맹과 노조의 활동가 가운데 진보 정당 건설에 적극 동의하는 이들과의 관계를 더욱 돈독히 하여, 총연맹 차원에서 추진되지 않고 있는 회원 가입 운동을 각 연맹 단위에서라도 전개할 방법을 찾기 위해 머리를 맞댔다. 또한 민주노총의 정치 방침 방향을 진보 정당 건설로 더욱 끌어당기기 위해 중앙위원회·대의원대회를 앞두고 더욱 열심히 움직였다.

민주노총의 '배타적 지지'를 되돌아본다

진보 정당을 건설하는 데 가장 열성적이었던 곳은 [현재의 공공연맹(전국공공사회서비스노동조합연맹)인] 공익노련(전국공익사회서비스노동조합연맹)이었다. 당시 민주노총 정치위원장을 맡고 있던 양경규 위원장을 필두로 공익노련은 기층 활동가들까지 노동자 정치 세력화 활동에 관심을 기울여, 대전 유성구의 구의원 당선자를 연이어 배출했고 자체 정치교육도 활발했다. 그 결과 국민승리21의 회원 3천여 명 가운데 공익노련 소속 조합원이 가장 많았다. 공익노련은 당시 가장 작은 연맹에 속했지만 민주노총 산별·연맹 조직 가운데 조합원이 가장 많았던 금속노조보다 국민승리21 회원이 많았다.

　초기 과정은 어려웠지만 창당하고 나서 최근까지 민주노동당과 민주노총의 관계는 절대적이다. 이른바 '배타적 지지'라는 이름으로 민주노총은 산하 산별·연맹 조직뿐 아니라 단위 노조와 조합원에게까지 민주노동당에 대한 정치적 지지를 요구한다. 그것이 민주노총의 생존과 직결된다고 보기 때문이다.

　물론 진보 정당 건설 초기에 이 배타적 지지는 진보 정당의 가장 강력한 무기가 되었다. 초기에 그렇게 하지 않았더라면 국민회의 등 집권 세력이 민주노총을 장악했을 것이다. 노동자 대중 중심의 진보 정당 건설은 불가능했을 것이기 때문이다.

그러나 최근 민주노총의 배타적 지지는 사실상 집행할 수 없는 수준임이 드러나고 있다. 민주노동당에 대한 민주노총의 지지는 여전히 형식적으로 강고하지만, 민주노총의 단위 사업장이 처한 현안을 풀어내는 데 필요한 정치력이나 해결 능력을 민주노동당이 보여 주지 못하면서 배타적 지지에 대한 의문이 생겨나는 것이다.

일반 조합원이 볼 때, 한진중공업 문제를 해결하는 데 가장 적극적이었던 정동영 의원이나, 국회 환경노동위원회에서 최선을 다한 민주당을 지지해서는 안 될 이유를 쉽게 납득하지 못하는 것이다. 민주노동당과 진보신당도 최선을 다했지만, (노력한 정도에서 크게 다르지 않은) 정동영 의원과 민주당을 아예 선택시에서 배제하겠나는 정치 방침에 수긍하지 못하는 조합원들이 생긴 것이다.

노동조합으로서는 선언적 수준의 정치 방침이 아니라 구체적인 문제 해결 능력을 보여 달라고 요구하는 것이 당연하고, 그 문제를 해결하겠다는 협약을 맺고 그럴 능력과 의지를 갖춘 사람이라면 당연히 지지해야 하는 것이다.

2011년 서울시장 보궐선거의 야권 단일 후보 경선 과정에서 민주노총은 배타적 지지 정당인 민주노동당의 최규엽 후보를 지지했지만 산하 서울시 단위 노조의 경우 초반부터 박원순 후보 지지를 선언하고 적극적으로 결합했다. 또한 시민 참여 경선에서 최규엽 후보가 얻은 2.5퍼센트의 지지율은 민주노총 조합원마저 민주노동당 후보를 지지하지 않았음을 보여 준다. 이제는 총연맹의 정치 방침이 조합원들에게 먹히지 않는 것이다. 해고자 문제 등의 현안이 걸려 있던 서울도시철도노조 등은 박원순 후보와 협약을 맺고자 했으며, 많은 서울시 산하 노동조합이 이런 움직임을 보여 줬다.

이명박 정권이 진보 정당의 숨통을 조이기 위한 정치적 의도가 다분한, 진보 정당에 대한 일부 사무직 노동조합의 정치 후원금에 대한 검찰 조사에서도 드러났듯이 단위 노동조합은 자신들이 모금할 수 있는 조합원들의 정치 후원금을 민주노동당이나 진보신당뿐 아니라 민주당과 한나라당 의원들에게도 지원했다. 살길을 마련하기 위해 움직이는 단위 노동조합의 이런 움직임을 탓할 수는 없다. 오히려 10년 전의 배타적 지지 방침으로 오늘의 노동 현실을 규정하려는 시도가 낡은 것일 수 있다.

이제는 민주노총의 배타적 지지가 아니라, 통합진보당 등 진보 정치 세력과 여타 개혁·진보 세력들의 경쟁 구도가 보장되어야 한다. 노동자들을 위해 더욱더 적극적으로 헌신하고자 하는 세력에 대한 노동자들의 지지도 높아져야 한다. 그리고 그것은 표현되어야 한다. 민주노동당에 대한 민주노총의 배타적 지지가 진보 정당을 궤도 위에 올려놓았지만, 이제는 이 배타적 지지를 풀어 노동운동이 더 다양한 정치적 선택을 할 수 있도록 해야 한다고 본다.

한편, 10여 년 전 정치연대가 국민승리21에 대해 가졌던 교조적 태도를 오늘의 상황에 비춰 보면 많은 생각이 든다. 야권 전체가 힘을 합쳐 노동 존중 복지국가를 향해 가자는 주장에 대해, 진보 정당 측에서는 독자적인 정당을 유지하고 선거에서 후보 단일화 등을 통해 협력하자는 태도를 보인다. 내가 보건대, 진보 정당들은 정권 교체라는 국민적 열망을 받아들이고 통합 정당 내에서 일정 정도 주도권을 쥘 수 있음에도, 독자 정당을 유지해야 한다는 생각을 버리지 않고 있다. 진보 정당은 진보 정치의 한 형태이지 신성불가침의 원칙이 아니다. NL과 PD라는 전혀 철학이 다른 운동 조직이 힘을 모아 민주노동당을 만든 것처럼 철학이 서로 달라도 당을 만들고 운영할 수 있다. 국민참여당이라는 자유주의 정치 세력과는 함께하면서, 민주당을 비롯한 다른 자유주의 정치 세력과는 왜 정권 교체와 복지국가 건설이라는 어마어마하게 큰 국민적·역사적 대의를 실현하기 위해 함께할 수 없는지를 제대로 밝히지 못하고 있다.

마치 10년 전 정치연대와 일부 좌파 정치 세력이 그랬던 것처럼 대중의 바다로 나아가지 못하는 오류를 반복하고 있는 것은 아닐까 우려스럽다. 개인적 자질이나 조직 전체의 역량으로 볼 때 민주당의 역량을 뛰어넘을 수 있는 가능성이 충분함에도 스스로 소수파의 위치에 머무르는 모습이 안타깝다.

어쨌든 1998년 한 해는 국민승리21과 당 건설을 위해 뛰었던 사람들에게 말 그대로 인고의 세월이었다. 이 어려운 때 국민승리21은 두

가지 중요한 계기를 통해 진보 정당 건설이라는 목표에 한 걸음씩 나아갈 수 있는 힘을 얻게 되었다. 바로 실업자 운동과 6·4 지방선거였다.

실업자 운동으로 당 운동의 활로를 열다

1997년 벌어진 외환 위기 사태와 IMF 구제금융 사건은 한국전쟁 이후 큰 사회적 변동 없이 성장과 확장 일로를 걸어온 한국 사회를 일순간 혼란의 수렁으로 밀어 넣었다. 경제 위기는 노동자들을 고용 불안과 실업의 고통으로 몰고 갔고, 임금과 노동조건의 후퇴가 밀물처럼 밀려왔다.

1987년 노동자 대투쟁 이후 10년간 노동운동을 통해 '조금씩' 모아 놓은 것들을 자본가들에게 '한꺼번에' 빼앗긴 것이다. "너희는 조금씩 갉아먹지만, 우리는 한꺼번에 되찾으리라!"고 노래했던 〈단결투쟁가〉의 가사가 거꾸로 현실화된 상황에 노동자들은 당황했다. IMF 사태가 가져온 혼란 중 가장 심각한 것은 4백만 명에 육박한 실업자 문제였다.

경제 위기는 우선 저소득층·여성·고령자 등 사회적 약자에게 먼저 닥쳤으며 그 폭과 강도는 시간이 흐를수록 더 커졌다. 가장의 실업과 경제 파탄으로 일가족이 동반 자살하는 끔찍한 일들이 벌어지기 시작했다.

한국 사회가 실업의 충격에 무방비 상태였던 것은 사회복지라는 개

념조차 제대로 서지 못할 정도로 사회 안전망이 취약했기 때문이었다. 실업은 곧 사회적 낙오를 의미했고, 가장의 실업은 한 가정의 생존을 위협했다. 그 사이에는 아무런 충격 완화 장치도 없었다. 또 1960년대 이후 경제 규모가 계속 성장 일로에 있었기에, 한번 몸담은 직장은 '평생직장'이 되었고, 사회적으로 요구되는 생존비용은 오직 임금으로만 조달되었는데, 이 단순 구조가 순식간에 붕괴되어 버린 것이다.

한국 사회는 공포에 빠졌다. 정부도, 기업도, 노조도, 사회운동 단체도 이 사상 초유의 사태에 어떻게 대처해야 할지 몰라 허둥댔다. 정부는 구조 조정과 정리 해고를 통해, 즉 실업을 양산해서 실업 문제를 해결하고자 했을 뿐 엄청나게 늘어나고 있는 실업자를 위한 대책을 제대로 마련하지 못했다.

진보 정당 건설을 주장하던 국민승리21이 이런 상황에서 진보적 대안을 고민하면서 사회적 자기 과제로 삼은 것이 바로 '실업자 운동'이라는 새로운 형태의 운동이었다.

어떤 이들은 한국 사회의 대량 실업 사태가 다 죽어 가는 국민승리21을 회생시켰다고 하기도 한다. 그 말속에는 국민승리21이 실업자 운동이라는 사회적 의제를 선점한 덕에 자기 할 일을 찾았다는 비아냥거림도 섞여 있었지만, 이는 사실이기도 했다.

조직은 끝없이 움직이고 외부와 상호작용하면서 자기 존재 이유를 확인할 수 있어야 살아남고 확장할 수 있다. 당시 진보 정당 건설의 대의를 모두가 인정하면서도 진보 진영이 선뜻 나서지 않던 상황에서, 국민승리21은 한편으로는 당 건설의 필요성을 설득하고 준비하는 동시에, 당장 자기의 존재 이유를 보여 줄 만한 역할을 찾아야 했다. 이 두 가지 일은 서로 맞닿아 있어야 했다. 그리고 국민승리21은 진보 정당 건설의 이유를, 실업 문제를 해결하기 위한 '정치사회적 차원의 접근'에서 찾았다.

'봐라. 기존 정치 질서로는 안 된다. 자본과 기업 중심으로 실업 문제, 고용 문제를 봐서는 안 된다. 진보적 대안, 진보적 정치 체계와 조직이 필요하다. 진보 정당이 필요하다. 노동운동만으로 혹은 시민운동의 힘만으로는 이 문제를 풀 수 없다. 권력의 문제이고 정치적 문제다. 노동운동으로, 무슨 무슨 대책 기구를 또 하나 만드는 것으로는 절대이 문제를 헤쳐 가지 못한다. 신자유주의 총공세, 진보 정당으로 돌파하자!'

우리는 이렇게 실업자 운동을 펼치는 과정에서 진보 정당의 필요성을 널리 알리고 힘을 모아 나갈 수 있었으며 자기 존재 이유를 강화하는 활로를 얻었다.

아마 실업자 운동을 통해 대중투쟁 공간에서 성장해 가며 당 건설을 준비하지 못했다면, 국민승리21은 기껏 외국의 진보 정당 사례나 수집하고, 진보 정당의 필요성을 공유하기 위해 토론회나 조직하면서 어중간한 색깔의 '개혁 정당'이 되었을지 모른다. 이곳저곳 가입 원서나 돌리다가 그럭저럭 이름 있는 사람들을 모아 기자회견을 열어 창당 계획을 발표하고, 선거 일정에 맞춰 대중운동 세력 및 노동계급과는 교감하지 않은 채 그저 그런 당 하나 만들었을지 모른다.

그러나 국민승리21은 권영길 대표를 실업대책본부장으로, 최규엽 집행위원장을 실업대책본부 집행위원장으로 삼은 데서 알 수 있듯이, 보유한 전력을 다 쏟아부어 실업 문제를 극복하기 위해 적극적으로 활동했고 정책적·조직적·투쟁적인 모든 면에서 최선을 다했다.

'실업자 동맹' 건설을 조직적 목표로 두고 초기업 노조 결성과 청년 실업 문제 해결 등의 과제를 매개로 노동운동과 학생운동에도 관계를 넓혀 갔고 각종 연대 활동에도 활발히 참여했다. 또 서울역에서 매달 실업자 대회를 개최해 사회적 파장을 계속 일으켰으며, 서울역 야간 집회와 노숙 체험 투쟁, 종묘공원에서의 문화제 등을 통해 기획력과 실천력, 투쟁력을 쌓았다.

진보 단체들의 신뢰를 얻은 것도 이런 실천 때문이었다. 진보 정당을 건설하는 데 꼭 필요한 신뢰였다. 신뢰 없이 진보 정당 건설에 대한 우리의 주장이 설득력 있게 다가설 리 없었기 때문이다.

특히 1998년 여름, 서울역 집단 노숙 체험 행사는 지금도 기억에 남는다. 권영길 대표를 비롯해 시민 단체의 유명 인사들이 중심이 되어 2백여 명의 사람들이 서울역 광장 근처에서 노숙하며 실업 문제에 대해 사회적으로 문제를 제기하겠다는 취지로 열린 행사였다. 언론사의 취재가 끝나고 나서 노숙 행사장 주변으로 몰려드는 취객과 혹시 있을지 모를 불상사에 대비하느라 나는 한숨도 자지 못했다. 게다가 여대생을 비롯해 적지 않은 여성이 참석해 그들의 안전을 살피는 것도 큰일이었다. 그 행사 덕분에 서울역 인근의 노숙자에 대한 대중적 관심이 더욱 높아지고 서울시와 정부 차원의 배려가 커진 것은 다행이었지만, 나는 그 큰 행사를 치르면서 신경이 몹시 날카로워졌다. 그 행사를 마치고 일주일의 휴가를 얻어 여수와 구례 등으로 쏘다니며 혼자 여행을 했던 것도 그 밤의 긴장을 털어 내기 위한 것이었다.

젊은 그들, 정주영 자서전을 집어 던졌다!

나는 처음에는 이근원 상황실장을 도와 실업자들을 조직하는 일에 몰두하다가 점차 청년 실업이라는 문제에 주목하기 시작했다. 고용 시장이 얼어붙고 재직 중인 노동자마저 내쫓기는 상황이다 보니 사회 진출을 앞둔 청년들이 취업할 수 있는 기회가 좁아진 것은 당연한 일이었다.

처음에는 이 문제를 '대졸자 실업 문제'라고 이름 지었으나 활동하면서 차츰 대졸 미취업자뿐 아니라 고졸 미취업자의 수도 엄청나다는 것을 알게 된 뒤 '청년 실업'이라는 이름으로 고쳐 불렀다. 언론사에 보내는 보도 자료나 우리가 제작하는 모든 유인물과 자료 등에도 '청년 실업'이라고 적음으로써 실업 문제의 새로운 측면을 분명히 했다.

　청년 실업자들은 기존 노동자들처럼 노동조합으로 조직되어 있지 않았고 개별적으로 고립된 상태였기에 쉽게 눈에 띄지도 않았다. 게다가 학생운동에서도 이 문제를 심각한 사회문제로 이해하기보다는 단지 '취업난' 정도로 여겼기에, 중요한 과제로 받아안지도 않았다. 결국 우리 사회에서 나름대로 발언력을 갖고 있던 노동운동이나 학생운동 어디에서도 청년 실업 문제에 주목하지 않았던 셈이다. 그래서 실업 통계조사에도 잡히지 못한 이들은 아무런 대책 없이 실업 대란의 고통에 고스란히 노출되어 있었다.

　최근에도 이 청년 실업 문제가 심각한 사회문제로 이야기되고 있다. '88만 원 세대'라는 말에서 느껴지듯 상황은 오히려 더 심각해졌다. 다행히 '청년유니온'이라는 노동조합 형태의 단체도 생겨나고, 대기업이 신입사원들의 임금을 깎아 이득을 취하려는 파렴치한 태도에 대한 사회적 비판도 거셀 만큼 청년 실업 문제에 대한 관심도 높아져 다행이지만, 10년 전이나 지금이나 이들의 희생을 자기 회생의 발판으로 삼으려는 우리 사회 기득권층의 옹졸한 모습은 실망스럽기 그지없다.

　내가 특히 청년 실업 문제에 주목했던 것은 학생운동 진영과 관계를 맺고, 이를 통해 당 건설 운동을 학생운동 내부까지 확대하기 위해서였다. 당시 어떤 주체도 형성되지 않고 있었던 청년 실업 문제의 심각성을 사회적 의제로 끌어내기 위해서는, 기존 학생운동 진영과 일정한 공감대를 쌓고 서로 교류하는 가운데 연대 투쟁을 펼치며 학생운동의 힘을 활용해야 했다. 또한 그 당시 국민승리21은 학생운동과의 연결 고리가 전혀 없었기 때문에, 학생운동 진영에 진보 정당 건설이라는 화두를 제기하려면 어떤 형태로든 연계를 맺을 필요가 있다고 생각했다.

그런데 대선 이후 정치연대와 전국연합이 당 건설 운동에서 퇴각한다고 결정한 뒤 그 영향 아래 있던 각 학생운동 진영 또한 당 건설 운동에 비판적인 입장에 섰다. 게다가 한총련(한국대학총학생회연합)에 대한 정권의 공격과 대중적 고립이 계속되면서 학생운동 진영은 이른바 춘추전국시대에 돌입해 있었다. 그런 상황에서 당 건설에 대해 진지하게 고민하는 학생운동 조직은 없었고, 오히려 반감을 가진 경우가 많았다. 학생운동 진영에 끈도 없고 호감도 주지 못하고 있던 국민승리21로서는 일단 진보 정당이라는 화두를 에둘러 가는 접근이 필요했던 것이다.

청년 실업자 운동은, 그 자체로도 중요한 사회적 투쟁이었지만, 왼손에 당 건설 운동이라는 과제를 쥔 국민승리21이 학생운동 진영에 내민 오른손이었던 셈이다. 그러나 청년 실업자 운동의 본격적인 투쟁은 뜻밖에도 기존 학생운동 진영이 아닌 다른 곳에서 시작됐다.

1998년 꽁꽁 얼어붙은 취업 시장의 심각성은 이루 말할 수 없었다. 있는 자리도 없애고 기존의 직원들을 내쫓는 판국에 신규 채용이 있을 리 없었다. 급기야 현대전자는 이미 입사가 결정돼 출근 날짜만 기다리고 있던 약 1천5백여 명의 신입사원들에게 일방적으로 입사 취소 통보를 전했다. 당연히 격렬한 반발이 이어졌다. 후배들과 함께 '청년실업 운동본부'를 운영하고 있던 나는 이 문제를 통해 청년 실업 문제의 심각성을 사회 이슈화하기로 했다.

우리는 먼저 현대전자 문제를 해결하기 위해 피해자들을 만났다. 물론 그 젊은이들은 매우 분노하고 있었다. 대기업에 취업하기 위해 오랜 시간 준비해 왔고 많은 것을 희생했던 그들에게 현대전자의 일방적 통보는 이 사회가 그들에게 던지는 '배신'과 다름없었다.

그들은 각종 시위와 기자회견, 토론회 등을 통해 자신들이 겪고 있는 말도 안 되는 상황을 알려 나갔고, 청년 실업 문제를 사회적 문제로 끌어내기 위해 노력했다. 우리는 그들에게 모든 지원을 아끼지 않았고 각 대학 총학생회에 연대해 함께 투쟁할 것을 요청했다.

"자신들은 여전히 현대를 자랑스럽게 생각하고 있으며, 단 하나의 요구 사항은 예정대로 자신들을 입사시켜 달라는 것"이라던 그들은, 신입 사원 연수 당시 가슴 두근거리며 받았던 고(故) 정주영 현대그룹 회장의 자서전 『시련은 있어도 실패는 없다』를 계동 현대빌딩 앞마당에 집어던졌다. 전국에서 2백 명이나 모여 난생처음 데모대가 되어 본 그들을 맞이한 것은 현대 측이 내보낸 용역 경비 업체 직원들이었다. 묵묵부답의 현대 자본을 법정으로 끌어냈지만 법원 또한 그들의 편이 아니었다.

비록 현대 자본을 이기지는 못했지만 이 젊은이들이 6개월 넘게 진

158

행한 투쟁은 우리 사회에 많은 질문을 던졌고, 학생운동 진영에도 새로운 과제를 남겼다.

이들은 이른바 학생운동권과는 거리가 멀었지만, 전혀 거리감 없이 함께 일했고 서로 많은 것을 의논했다. 그들이 나보다 더 과격하고 앞선 태도를 보일 때는 오히려 내가 더 당황하기도 했다. 그들은 '현대전자취업결정자협의회'를 결성해 조직적으로 움직였다. 그 조직의 공동 대표 중 한 명이 나와 같은 강북구에 살았는데, 요즘도 가끔 버스 정류장 등에서 만날 때면 그때 그 젊은이들이 계동 현대그룹 사옥 앞에서 내뱉던 절규가 떠오른다.

"우리는 현대그룹이 약속한 것을 믿고 다른 기업의 채용에 응하지도 않고 발령을 기다리고 있었다. 그런데 이게 뭐냐. 어떻게 미안하다는 말 한마디 하지 않느냐는 말이다. 어떻게 달랑 종이 한 장 보내 우리를 이렇게 비참하게 만든단 말인가. 가져가라, 합격 통지서. 그리고 이 것도 가져가라. 당신네 회장이 쓴 이 책도 필요 없다!"

청년들이 현대그룹 건물을 향해 『시련은 있어도 실패는 없다』를 던졌을 때, 그 책은 그 어떤 화염병보다 더 큰 분노를 담고 있었고, 그 어떤 짱돌보다도 매서웠다.

학생운동과 노동부 장관의 매우 정치적인 만남

청년 실업자 운동은 일정하게 그 필요성을 인정받으면서 힘을 모아 나 갔다. 각종 토론회와 강연회는 물론 집회 및 언론 사업을 통해 이 문제 가 사회적 이슈로 부각되기 시작하자, 머뭇거리던 학생운동 진영도 앞 다퉈 국민승리21과 연계를 맺기 시작했다. 내가 회의를 주재하던 청년 실업운동본부에만도 7개 학생운동 조직을 대표해 각 대학 총학생회 간 부들이 매주 모여 공동의 과제를 해결하기 위해 머리를 맞댔다.

청년 실업 문제 해결을 요구하는 목소리는 1998년 각 대학 가을 대 동제의 주요 의제가 되었고, 1999년 총학생회 선거에서 공동 선거공약 이 되었다. 각 후보가 내놓은 관련 정책과 공약은 모두 청년실업운동본 부가 생산해 함께 공유하자며 제공한 것들이었다. 그만큼 청년 실업 문 제에 관한 한, 국민승리21과 학생운동 진영의 신뢰는 단단해져 있었다.

국민승리21이 주도한 투쟁이 학생운동 진영 내에서 공감을 얻었다 는 것은, 적어도 그들이 국민승리21과 당 건설 운동에 대해 부당한 의 구심을 덜어내고 조금 더 가까워졌음을 의미했다. 일단 첫걸음은 성공 한 셈이었다.

나는 1999년 신임 총학생회장단을 모아 청년 실업 문제 해결을 촉 구하기 위해 노동부 장관 면담을 추진했다. 학생운동 진영으로서는 청 년 실업 문제에 대한 대책을 마련하도록 정부를 압박하고, 그러면서 대중과의 정치적 신뢰를 쌓는 계기가 될 수 있었다. 정부도 사회문제로 등장한 청년 실업 문제에 대해 성의 있는 모습을 '연출'할 필요가 있었다. 서로의 필요가 맞아떨어진 셈이다.

이기호 노동부 장관과의 간담회를 주선한 사람은 당시 국민승리21 정책기획위원장이었던 노회찬 전 진보신당 대표였다. 그가 노동계 소식을 매일 전하는 언론 매체인 『매일노동뉴스』의 발행인이었기 때문에 이런 자리를 만들 수 있었을 것이다. 당일 나는 이 중구난방의 총학생회장들을 데리고 가느라 5분 정도 약속 시각에 늦었는데, 약속 장소 입구에서 노회찬 위원장에게 '군기'를 단단히 잡혀야 했다. '5분쯤이야.'라고 생각했던 것도 사실이지만, 애초에 원래 약속 시각보다 30분 일찍 알리는 꾀를 냈음에도 천방지축 총학생회장들이 늦게 나타났던 것이다. 현장에는 엄청난 수의 기자들이 대기하고 있었다. 예상대로 이 간담회는 모든 언론의 관심이 쏠렸고 사회적 차원에서뿐 아니라 학생운동 진영 내에서도 청년 실업 문제를 중요한 문제로 받아들이는 결정적 계기가 되었다.

청년 실업 문제에 대한 연구는 국민승리21이 시작하기 전에는 거의 전무했기 때문에 통계자료를 모으고 만드는 일, 청년 실업자 및 취업 예정자들에 대한 실태 조사, 요구안의 취합과 정리, 정책적 대안 마련 등 모든 일은 당시 나와 청년실업운동본부에서 함께 일했던 문상린·최현·백지운·조지혜 등 후배들의 몫이었다. 대중적인 이슈로 만드는 것이 우선이었기 때문에 요구안은 아주 상식적인 데서부터 시작했다. 취업 응시 자격을 나이로 제한하는 '취업 연령 제한 제도'를 철폐하고, (대졸자들에게 매달 30만 원만 지급하며 6개월간 쓰다가 회사 마음대로 계약을 해지할 수 있어서) 현대판 노예제도라고 불린 '인턴사원 제도'를 따르지 말라는 주장 등이 대표적이었다.

정치적·조직적 측면에서는 경쟁 관계에 있고 상호 비판적이었던 학생운동 내 각 정치 그룹들이 청년 실업 문제에 관해서는 청년실업운동본부를 중심으로 협력할 수 있었던 것은, 이런 각종 연구 조사 자료와 정책적 대안을 공유할 수 있었기 때문이다.

노동부 장관과의 간담회와 방송 출연 등을 전후해 나는 청년실업운동본부를 후배들에게 맡기고 진보 정당 건설을 위해 학생운동과 관계를 개선하는 일을 시작했다. 청년 실업자 운동을 하면서 학생운동 내부의 정황, 정치 그룹의 전국적 분포와 각 대학 총학생회의 성향을 알 수 있었다. 또 개인적인 친분도 맺었고 신뢰도 쌓았기 때문에, 학생운동 성원들과도 진보 정당에 대한 이야기를 본격적으로 시작할 준비가 되었다고 판단했던 것이다.

학생운동에 말 걸기

나는 '국민승리21 학생사업단장'이라는 직책을 새로 만들어 달고 전국을 다니기 시작했다. '진보 정당 건설을 위한 권영길 대표 전국 순회 강연'을 만들어 내기 위해서였다.

진보 정당 문제에 거의 관심이 없던 학생운동 내에 화두를 던지는 방법은 그나마 인지도가 있는 권영길 대표를 활용하는 것뿐이었다. 다른 방법에 비해 거부감이 적었기 때문이다. 민주노총 위원장이었고 대통령 후보였던 사람이니, 강연회라는 형식이 가장 적절했던 것은 분명했다. 지금이야 진보 정당의 존재가 현실화된 지 10년이 넘었으니 진보 정당에 대해 누구도 거부할 수 없지만, 당시는 무에서 유를 창조하는 과정이었을 뿐 아니라 진보 정당에 대한 막연한 거부감이 진보 운동 진영에 만연해 있던 때였다. 진보 정당을 건설하자는 말을 건네는 것 자체가 조심스러웠다.

무엇 하나 쉬운 일이 없었다. 연고도 없이 불쑥 총학생회실로 찾아간 적도 있었고, "'그런 곳'과 '그런 짓'하고 싶지 않다."는 이야기를 듣기도 했다. 강연회 개최처럼 형식적이고 실무적인 이야기야 사무국장이나 총학생회장과 의논하면 되지만, 이런 예민한 문제는 반드시 정책국장이나 학생운동 언더 지도부의 책임자와 따로 논의해야 했다. 그런 자리는 밤샘 토론이 되기 일쑤였고 나름대로 진보 정당에 비판적이었던 그들을 설득하기란 좀체 쉽지 않았다. 그러다 보니 밤샘 토론과는 별도로 가는 곳마다 일부러라도 술자리를 만들어 흉금을 터놓는 기회를 만들어야 했다. 그 결과 지나친 음주와 불안정한 생활에 따른 지독한 장염에 시달렸고 병원에 실려 가기도 했다. 스물여덟이라는 젊은 나이에 장염에 시달린다는 것이 흔한 일은 아닐 텐데, 그만큼 학생운동 진영과 관계를 개선하는 데 열심이었다.

학생운동 진영, 특히 좌파 학생운동 진영의 비판과 견제 심리가 어찌나 심했던지, 나는 강연회 홍보 포스터도 '파격적으로' 만들게 했다. 국민승리21을 비실천적이고 소극적인 조직이라 비판하고 권영길 대표를 타협적이고 우유부단한 사람이라고 생각하던 그들에게 단호한 면모를 보이기 위해서였다. 포스터를 온통 붉은색으로 뒤덮고, 총파업 당시 삭발한 권 대표 사진을 넣었다. 포스터가 하도 엉뚱하다 보니 노현기 홍보국장은 형편없는 감각에 혀를 찼고, 이상현 조직위원장은 박장대소를 하며 웃었다.

"아니, 왜 이렇게 삭발한 사진만 썼어? 누가 보면 영길 큰스님 설법회 하는 줄 알겠네."

내 속을 모르는 사람들이야 뭐라고 놀리든 간에 포스터의 엉뚱함 덕분에 학생운동가들이 국민승리21에 대해 갖고 있던 부정적인 시선을 조금이나마 누그러뜨리게 된다면 더 바랄 것이 없었다. 그만큼 당시의 상황이 어려웠던 것이다.

국민승리21의 재정이 넉넉지 않았기에, 강연회 문제로 출장을 떠났더라도 그 일만 하고 돌아오는 것이 아니었다. 그 지역의 노동·빈민·농민·청년 등의 지역 조직을 죄다 만나고, 대선 때 국민승리21 지역 조직에 관여한 사람들까지 만나 당 건설을 위한 지역 조직 결성 가능성을 타진해야 했다. 한 번의 출장비로 두세 배의 몫을 해야 했다. 그러다 보니 총학생회 생활방이나 학생들의 자취방에서 신세를 지기가 일쑤였다(이때의 고단함과 마음고생에 대해서는 나중에, 정말 나중에 어쩌면 웃으면서 이야기할 때가 있으리라).

어쨌든 냉담함과 적대감을 보이던 학생운동 진영을 천신만고 끝에 설득해 일단 권영길 대표의 강연회만이라도 열어 보자는 데까지 합의를 끌어내 전국 12개 지역의 대학에서 강연회를 진행할 수 있었다. 어떤 곳은 3백여 명이 강의실을 가득 메우기도 했고, 어떤 곳에서는 비가 내리는 중에도 야외 집회 형식을 고집해 권 대표가 비를 맞아 가며 연설하기도 했다. 적게는 20명에도 못 미치는 청중이 모였지만, 그곳에서조차 권영길 대표나 나는 즐거웠다. 적어도 학생들에게 진보 정당에 대해 이야기할 수 있었기 때문이다.

대학별 강연회 행사는 엄형식·김민정·김대건 등의 후배들과 함께 했다. 이들의 도움을 받기도 했지만, 내가 사전 답사 한 번, 권 대표를 수행하면서 한 번, 끝난 뒤 그 성과를 챙기기 위해 또 한 번 방문하는 등, 모두 세 차례씩 전국을 순회했다. 그때마다 술자리를 갖고 밤새 토론했으니 위장에 탈이 생기는 것도 당연했다. 그만큼 내게 이 일은 몹시 중요한 것이었다.

당이 건설되고 제대로 활동하기 위해서는 노동운동의 지지와 참여 못지않게 학생운동의 지지와 참여를 끌어낼 수 있어야 했다. 새로운 젊은 지지자와 당원들이 계속 보충되지 않는다면 당은 정체되고 도태될 것이다. 젊은 층을 설득하고 그들의 지지를 얻지 못하는 진보 정당이 어떻게 세상을 바꿀 수 있겠는가.

어떤 면에서 학생운동은 전체 운동의 사관학교다. 우리 운동의 역사에서 학생운동 출신으로 훌륭히 제 몫을 해낸 사람들을 우리는 많이 알고 있다. 학생운동과의 우호적인 관계나 지지와 연대 없이 진보 정당을 건설한다는 것은, 모래 위에 건물을 쌓는 것처럼 위험한 일이라고 생각했다. 이때 내가 주도해 만든 학생사업단은 학생 당원들을 모아 내고, 각 대학 총학생회와 연대 활동을 전개하면서 민주노동당 학생위원회를 건설하는 토대를 만들었다.

지금도 민주노동당 학생위원회의는 그나마 대학교 내에서 진보적 목소리를 담고 전파하는 역할을 하고 있는 것으로 알고 있다. 그러나 정당이 대학 내에 자기 조직 하나 만드는 것만으로, 대학생들과 소통하고 이들을 정치의 주체로 세울 수 있던 시절은 지났다. 이제 더욱 다양한 방법과 경로를 통해 젊은 층의 의견을 담아내야 한다. 젊은 층도 적극적으로 자신들의 요구를 외쳐야 한다. 방송인 김제동 씨가 "투표한 만큼 등록금이 내려갈 것"이라고 이야기한 말에는 진실이 담겨 있다.

국민승리21이 기사회생한 계기였던 6·4 지방선거

실업자 운동이 국민승리21의 비투쟁적 이미지를 씻어 냄과 동시에, 대중투쟁을 통해 당을 건설하겠다는 의지를 모든 진보 진영에 확고히 하는 계기였다면, 1998년 6·4 지방선거는 국민승리21이 정치적 측면에서 기사회생하는 계기였다고 할 수 있다. 6·4 지방선거에서 민주노총과 공동 후보단을 꾸리게 되어 민주노총의 당 건설 의지와 국민승리21에 대한 지지를 다시 확인했고, 결과적으로도 23명의 당선자를 내면서 당 건설에 대한 자신감을 얻을 수 있었기 때문이다. 특히 울산 북구와 동구에서 구청장을 당선시켜 진보 정치를 실현할 수 있는 최소한의 교두보를 마련한 것의 의미는 결코 작지 않았다. 국민승리21은 이 성과를 바탕으로 진보 정당 건설로 나아갈 것임을 자신 있게 선포했다. 하지만 상황이 그렇게 좋았던 것만은 아니다.

국민승리21의 후보라고 대내외적으로 선전한 49명의 후보자 가운데 국민승리21이 내세운 사람은 얼마 되지 않았다. 후보자들의 대다수는 지역 활동 경험을 바탕으로 출마하려는 활동가들과 민주노총 및 전국연합에 속한 활동가들이었다. 1998년 5월 20일 민주노총 임시 대의원대회에서 "민주노총은 국민승리21과 함께 후보를 내 지방선거에 적극 대응한다."라는 방침을 결정해 민주노총이 지지하는 후보면 국민승리21의 후보라고 부를 수 있었을 뿐이다.

즉, 넓은 의미에서 진보 정당 건설이라는 대의에 동의해 국민승리21 후보단에 이름을 올리는 것을 양해했거나, 못마땅하게 여겼더라도 민주노총과의 관계 때문에 명단 발표를 묵인한 후보와 단체도 있었다. 국민승리21이라는 포장지로 종합 선물 세트를 싼 것이나 마찬가지였다.

특히 노동자 밀집 지역에서는 그나마 인지도가 있는 권영길 개인의 지원 활동과 '민주노총 지지 후보'라는 이름이 갖는 호소력 등 이점이 있었기에 굳이 선을 분명히 긋지 않았을 뿐, '국민승리21에 대한 소속감'을 느낀 후보는 많지 않았다. 이는 국민승리21이 대선 이후 어떤 상황에 놓여 있었는지를 단적으로 보여 준다.

껍데기만 남아 있다시피 한 국민승리21이 권영길과 민주노총의 권위에 기대어 호가호위하는 형국이었다고 말해도 크게 틀리지 않았다. 이런 상황에서 국민승리21이 지방선거에서 '승리를 거뒀다'고 말하기란 좀 부끄러운 일이었다.

이때 진보 정당 건설 세력에 자신감을 심어 준 일이 조승수 울산 북구청장의 당선이었다. 그는 자신이 국민승리21의 후보임을 내세웠고 진보 정당 건설의 의지를 분명히 했기 때문이다. 그 효과는 마치 2011년 무소속의 박원순 후보가 서울시장으로 당선되면서 민주당에는 혁신할 계기를 주고, 야권 전체에는 통합의 필요성을 높인 것과 비슷했다. 혁신되고 통합된 야당과 함께하겠다는 박원순 시장의 의지가 야권 통합 정당을 만들어 낸 것처럼, 당시 울산에서 조승수 후보의 구청장 당선은 진보 정당을 창당할 수 있으리라는 자신감을 불어넣었던 것이다.

울산 북구 내 최대 노조인 현대자동차 노조가 민주노총 소속이고, 권영길 대표의 대중적 인지도와 노조에 대한 영향력이 필요해서였다고 볼 수도 있겠지만, 당시 선거운동이 한창일 때 서울에서 개최된 10분짜리 기자회견에 참석하기 위해 조승수 구청장 후보가 하루를 희생했던 일은 국민승리21에 대한 '감격스러운 충성심'으로 여겨졌다. 국민승리21이 진보 정당을 건설하는 꿈을 반드시 실현하겠다는 의지를 천명하기 위한 기자회견이었는데, 출마자 가운데 겨우 7~8명만 참석한 것이다. 상징적 의미가 큰 두 명의 구청장 후보가 모두 오지 않았다면 아무 기삿거리도 없는 기자회견이 되었을 것이다.

국민승리21에는 출마 후보들을 지원할 역량이 사실상 없었다. 부분적으로 지방자치 정책과 공약을 만들어 내기는 했지만 그다지 도움이 되지 않았다. 권영길 대표가 개인적으로 급전을 구해 다만 얼마씩이라도 후원금으로 보태려 했다. 그러나 사정을 뻔히 아는 후보자들이 극구 사양하고 미안해하니, 그 모습을 보며 주는 이가 더 민망해했다. 정책적·재정적으로 도움을 주지 못했음은 물론 선거운동원도 변변히 지원하지 못했다. 그저 민주노총과 국민승리21의 후보로서 이 두 단체의 추천과 지원을 받는 후보라는 것과, 권영길 대표와 함께 찍은 사진을 홍보물에 넣는 정도였을 것이다. 이조차 일부 노동자 밀집 지역에나 통하는 것이었다.

국민승리21 상근자들이 대거 내려가 선거에 결합한 것은 역시 울산 북구청장 선거였다. 여기에서 당선되어야 '일점 돌파'가 가능하리라는 판단에서였다. 권영길 대표는 울산 북구청장 선거와 동구청장 선거 모두를 오가며 지원 유세를 펼쳤다. 다행히 두 곳에서 모두 승리를 거두었다. 늘 선거에서 패배만 봐왔던 전체 진보 진영은 이를 하나의 사건으로 받아들였다.

노동자·민중의 정치 세력화 가능성을 재발견한 6·4 지방선거는, 묵혀 둔 채 먼지만 쌓이고 있던 과제인 '진보 정당 건설'을 다시 세상에 드러내는 계기가 되었다. 이 승리가 단지 국민승리21이나 민주노총, 전국연합만의 승리가 아니었던 것은, 진보 진영이 처음으로 기초 자치단체에서나마 자신들의 포부를 펼칠 마당을 얻은 셈이기 때문이었다. 거리의 투사가 행정 책임자가 되어, 실행할 것을 요구하는 대신 직접 실행하는 위치에 선 것이다.

6·4 지방선거는 진보 진영에는 자신감을 주고, 국민승리21에는 숨통을 틔워 기사회생하게 한 정치적 계기였다. 그리고 또다시 먼 훗날 언젠가의 과제로 미뤄지고 있던 진보 정당 건설 운동을, 당면 과제로 재등장시키는 역할을 했다. 이와 함께 국민승리21은 민주노총과 공동

후보단을 성사시킴으로써 잠시 위태롭던 민주노총과의 형식적 연대틀을 복원할 수 있었다. 이로써 국민승리21은 진보 정당 건설의 확고한 우군을 확보했고, 생존을 위한 최소한의 '비빌 언덕'을 얻은 셈이었다.

간첩 김석형, 당원 김석형

한 당원이 있었다. 1914년생. 매우 고령이었다. 내가 그를 특별히 기억하는 이유는 고령의 당원이었기 때문이 아니다. 그는 '이곳' 사람이 아니다.

그는 지금 '조선민주주의인민공화국' 사람이며, 2006년 8월 14일 생을 마감하고 북녘 땅에 묻혀 있다. 흔한 말로 북한 사람이다. 그의 이름은 김석형. 2000년 9월 2일 북으로 송환된 비전향 장기수 가운데 한 사람인 그가 민주노동당의 당원인 것이다.

김석형은 1914년 4월 13일 평안북도 박천군 덕안면 남호동에서 태어났다. 조선노동당 박천군 덕안면당 제1대 면당 책임비서로 일하던 도중 1961년 6월 남파되었다가 체포된 뒤 1991년 12월 형집행정지로 출소할 때까지 무려 30년 6개월을 무덤 같은 감옥에서 지냈다. 감옥에서 출소한 뒤에도 김석형은 대한민국 요주의 적성 인물 1호로 살아야 했고, 공안 기관의 감시를 받으며 아무 연고도 없는 대한민국의 한복판에서 통일될 날만을 그리고 있었다.

내가 그를 처음 본 것은 63빌딩에서 열린 창당발기인대회 때였다. 내빈 소개 때 '장기수 김석형 선생'으로 소개되어 자리에서 일어나던 작고 꾸부정한 백발의 노인 한 분. 지팡이를 짚고 겨우 일어선 그가 조용히 머리를 숙여 환영의 박수 소리에 답했다. 대한민국 정부가 그토록 위험인물로 경계하고 두려워하던 사람의 모습치고는 너무 부드럽고 약해 보였다.

그가 그때 발기인 자격이었는지 아니면 단지 축하객으로 참석한 것이었는지 몰랐지만, 그가 민주노동당 당원으로 가입했을 것이라고는 꿈에도 생각하지 못했었다.

그에게 '조국'은 하나로 통일된 조국이었고, 정통성을 지닌 '정부'는 대한민국이 아니라 조선민주주의인민공화국이었을 것이다. 그에게 대한민국 정부는 친일파가 세웠고 반통일 세력이 장악하면서 그 자신을 무려 30년 넘게 가두고 고문한 야만의 권력이었을 것이다. 가족이 기다리는 '그곳'으로 언젠가 돌아가야 할 그가 남한 사회의 민중이 스스로 세운 진보 정당을 환영하고 축하할 수는 있을지라도, 그 당원이 되는 것은 전혀 별개의 문제였다. 불가능한 일은 아니었겠지만, 이곳이 삶의 터전이 아닌 그에게 결코 쉬운 결정이 아니었으리라는 것도 짐작할 수 있었다.

게다가 민주노동당 초기에는 비전향 장기수들과 오랫동안 통일 운동을 해온 사람들을 못마땅해하는 분위기가 있었다. 이에 (당 내부에서는 노동자 중심성이 부족하다는 지적이 끊이지 않았지만) 이른바 NL 진영 내에서는 (노동자 중심성이 지나쳐서) 민족 대단결보다 계급 이익을 앞세운다는 목소리를 냈고, 당명을 정할 때도 '민주노동당'에 반대했으며 '통일'이라는 단어를 넣자고 주장할 정도였다. 그랬던 이들이 이후 민주노동당 지도부가 되고, 새로운 진보 통합 정당의 주도권을 쥔 것은 재미있는 일이다.

어쨌든 이들은 국민승리21이 주도한 민주노동당이 통일 운동에 열의를 보이지 않는다는 불만을 가지고 있었다. 무엇보다 민주노동당이 강령을 통해 북한 정권에 대해 비판적인 견해를 표출한 점을 가장 불만스러워했다.

"통일의 대상에 대해 강령에서 비판하면 도대체 누구와 어떻게 통일을 하자는 것이냐"라는 것이었다. 이 문제는 민주노동당이 진보신당과 분당할 때도, 그 뒤 진보신당과 통합을 논의할 때도 계속해 불거진 문제였다.

그러니 당시 분위기에서 비전향 장기수들 중 누구라도 민주노동당의 당원이 된다는 것은 생각하기 어려웠다. 뒤에 듣기로 김석형은 입당을 결정하면서 많은 고민을 했다고 한다. 이곳 말로 '간첩'인 자신이 입당해 공안 기관이 민주노동당을 탄압할 빌미를 제공하는 것은 아닌지, 보수 언론에 의해 색깔론 시비를 겪지는 않을지 걱정했던 것이다..게다가 동료들의 반대도 심했다고 한다. "민주노동당은 통일 사업에 대한 의지가 없다. 북조선을 비판하는 것을 보면 제대로 된 진보 정당이 될 가능성이 적다."라는 지적이었다.

다소 엉뚱한 문제도 있었다. 이른바 '이중 당적' 문제였다. 김석형은 여전히 조선노동당 당원이었다. 그가 북으로 돌아간 뒤에 출판한 구술 회고집의 제목은 『나는 조선노동당원이오』였다. 조선노동당 당원이 또 다른 정당에 가입해도 되느냐는 문제 제기였다. 형식적인 문제였지만 받아들이는 사람에 따라서는 심각할 수도 있었다. 김석형은 고민과 갈등을 거듭한 끝에 민주노동당에 입당했다.

비록 30년 세월 동안 감옥살이를 하고 고문을 당했지만, 이 땅과 이 땅의 사람들을 사랑했기에 그렇게라도 역사를 같이하고 싶었을 것이다. 어쩌면 자신을 통해 남과 북의 민중이 뜻을 하나로 모을 수 있다고 생각했을지도 모른다. 그렇게 그는 민주노동당 당원이 되었다. 비전향 장기수들 사이에서 논쟁과 갈등도 있었지만 설득을 통해 동의를 구했고, 당원으로서 자신의 역할을 늘 고민했다고 한다.

2000년 8월 말, 그와 비전향 장기수들이 북으로 돌아가기 전에 (당에서 주최한 환송 행사와는 별도로) '당원 김석형'을 환송하기 위한 당 지도부의 조촐한 점심 식사 자리가 마련되었다. 그 자리에서 김석형은 모두를 깜짝 놀라게 했다.

"제가 북으로 돌아가면 당비 납부가 제대로 안될 것 같아 통장에 2

년 치 당비를 넣어 두고 갑니다. 2년 뒤에는 통일이 되어야지요. 그때까지는 우리가 다시 만날 길이 열려야겠지요."

당원으로서의 작은 의무까지도 소홀히 하지 않겠다는 '당원 김석형'의 이야기를 전해 들은 모든 이의 가슴에 잔잔한 감동이 번져 갔다. 2년 치 당비를 콕 찍듯 놓고 간, 통일만 바라보며 감옥에서의 30년 세월도 견뎌 낸 그의 예지가 들어맞았던 것일까. 남북의 하늘이 열리고 바다가 열리더니 땅까지 열리고 있다. 그가 북으로 돌아가고 나서 정확히 2년이 흐른 뒤, 남과 북은 반세기 넘는 단절을 끝내기 위해 경의선과 동해선을 연결하는 작업을 시작했다. 그때만 해도 남북 관계가 다시 이렇게 엉망이 되리라고 생각한 사람은 아무도 없었다. 이명박 정부가 들어서면서 남북 관계는 최악으로 치닫고 있다. 애써 열린 사람들의 마음도 다시 닫히고 있는 듯하다.

나는 민주노동당 시절, 남북 간 경의선이 복원되고 사람들의 왕래가 자유로워지면 그를 찾아가 밀린 당비를 받으러 왔다고 말해 주고 싶었다. 그에게 가장 반가운 빚쟁이가 아닐까 생각하며 혼자 웃음 짓기도 했다. 하지만 이제 그럴 일은 없을 것이다. 2006년 8월, 그는 통일을 보지 못한 채 숨을 거뒀다. 그리고 나는 지금 민주노동당 당원이 아닌, 진보 정치의 더 큰 가능성을 향해 10년 만에 다시 모험하듯 새롭게 도전하고 있다.

최악으로 치달은 남북문제를 해결하기 위해서도 2012년 정권 교체는 반드시 필요하다. 남북의 이념적 갈등 속에서 희생된 것은 김석형 같은 이들만이 아니다. 분단 이후 인생의 많은 시간을 모질게 보내야 했던 이들이 있다. 이산가족, 납북자 가족, 탈북자 가족의 눈물을 닦아 주기 위해서라도 민주·진보 진영 전체가 힘을 합쳐 정권 교체를 이룩 하기를 간절히 바란다.

정파 연합당

1992년 1월, 한겨울 칼바람이 몰아치는 서울대 아크로폴리스 광장.

관악산에서 불어온 바람을 한껏 움츠린 몸으로 막아 내며 무려 3시 간째 자리를 지키고 있던 1천여 명의 학생들은 거의 동태가 될 지경이 었다. 이제는 끝나겠지 했는데 연설이 계속 이어지니 불평하는 소리가 터져 나오지 않을 수 없었다. 사회자가 '마지막 순서'라고 하자 학생들 은 이젠 살았다며 고개를 들었다가 탄식과 함께 짧은 욕설을 내뱉고 말 았다. 참여 단체의 학생 대표자들이 모두 앞에 나와 결의 발언을 하는 순서였는데, 무려 스무 명이 넘었기 때문이다. 손발이 얼고 입술도 움 직이지 않을 만큼 얼얼해져 있으니, 아무리 구구절절 옳고 좋은 말이라 한들 참기 힘들었을 것이다.

그 집회는 1992년 2월 총선과 12월 대선을 앞두고 김대중 총재가 이끌던 보수 야당에 대한 일방적 지지로 경도된 재야와, 전대협이 주도하는 학생운동 흐름에 반대하는 이른바 좌파 학생운동 내 모든 정치 그룹이 모인 자리였다.

'학생선거투쟁연합'(이하 선투련)의 결성식이었다. '민중의 독자적 정치 세력화와 민중 독자 후보 추대'에 대한 동의를 기본 바탕으로 하는 선투련의 출범은, 당선 가능성을 이유로 '비판적 지지'라는 명목 아래 보수 야당을 추종하던 전대협 주류에 반대하는 모든 학생 정치 세력의 통합 조직이 출현했다는 점에서 매우 의미 있는 사건이었다. 이를테면 당시 학생운동 내 '야권 대통합'이 이루어진 것이었기 때문이다.

그러나 선투련은 무려 20개가 넘는 참여 조직 간에 빚어진 의견 마찰과 주도권 다툼, 그리고 두루뭉술하고 낮은 합의 수준에 의한 비실천적인 연대 단체로 허우적거리다가 총선이 끝나고 나서는 다시 6~7개 정도의 조직으로 쪼개져 버렸다. 낮은 수준의 합의로 최대한 많은 세력을 모아 힘 있는 선거 투쟁을 하자는 것이었으나 호랑이를 크게 그리려다 엉뚱하게 돼지를 그려 놓은 셈이었다. 크게 뭉쳤으나 실속은 없었던 것이다.

20여 개의 소그룹을 두서너 달 활동을 통해 6~7개로 줄여 놓은 것을 선투련 활동의 성과라고 해야 할지 모르겠으나, 이날 아크로폴리스에 있었던 나는 그 다양하고 지나치게 많은 좌파 학생 정치 그룹의 수에 놀랐다. 또한 선투련이라는 틀에 모이기는 했지만 제각각의 주장이 3

시간 내내 앰프를 통해 울려 나오며 한겨울의 불협화음을 빚었던 그날을 쓸쓸하게 기억하지 않을 수 없었다. 말로만 같은 조직이지 콩과 보리를 섞어 놓은 듯 다른 생각을 품고 있음이 분명해 보였기 때문이다.

정말 그랬다. 학생운동만이 아니라 민중운동 진영에는 참으로 많은 정치 그룹과 단체들이 있었고 그들 간의 연합과 연대 활동은 언제나 극심한 논쟁과 토론을 수반했다. 물론 토론과 논쟁은 진정한 연대를 위해 필요한 과정이기도 하다. 무엇보다도 무원칙한 야합이 아니라, 진보를 실현하기 위한 실천을 합의하려면 그 과정이 반드시 필요하다는 것을 부정할 사람은 없다. 그러나 역사적으로나 경험적으로 대개 논쟁이 7이면 실천은 3에 그치는 경우가 적지 않았다.

주도권을 잡기 위한, 또는 논쟁에서 지지 않기 위한 논쟁이 반복되면서 운동 진영의 논쟁은 실천을 동반한 합의를 이끌어 내기보다 분열과 반목을 낳기 일쑤였다.

서로를 비판하는 것이 잘못된 입장과 주장을 걸러 내거나 올바른 실천을 끌어내는 긍정적인 힘으로 작용하지 못하고, 상대를 공격하고 상처 입히는 무기가 되면서 오히려 운동의 후퇴를 가져왔던 것이다. 그렇게 민중운동 진영은 논쟁과 분열 때문에 힘을 잃고 있었고, 수많은 단체로 나뉜 채 정치적 다양성이 무색할 만큼 영향력을 충분히 발휘하지 못하면서 보수 정권에 의해 각개격파를 당해 왔다.

민주노동당을 창당하던 시기 민주노동당을 두고 '정파 연합당'이라고 말하는 사람들이 있었다. 단일한 정치 그룹이 정당으로 전환한 것이 아닌 민주노동당에는, 강령과 당헌을 중심으로 정치 활동의 통일성에 합의한 정치 세력이 당 내부에 다양하게 존재한다. 이 세력들이 모여 당을 시작했다는 의미에서 정파 연합당이라는 표현은 맞다. 그러나 정파 연합당이라는 말이 '오합지졸과 사분오열'을 가리키는 표현이라면, 한참 모르는 이야기다.

기본적으로 모든 정당은 정파 연합 질서를 내포한다. 정치사상이 동질적인 하나의 정파만이 정당에 남게 된다는 것은 불가능할뿐더러 바람직하지도 않다. 심지어 사상적으로 가장 단결이 잘 되어 있는 조직이라고 할 수 있을 종교적 집단 안에도, 교리에 대한 다양한 해석이 있고 숱한 분파가 생겨나지 않는가. 오히려 다양한 목소리와 조직체가 다발로 묶여 있어야 더 튼튼하고 강력한 정치조직으로 남을 수 있다.

민주노동당이 한국 사회에서 최초로 '3김'의 영향력에서 벗어나 전국적 영향력을 형성하고 원내 진출에 성공하는 등 일정한 성과를 이룰 수 있었던 것은 2000년 창당을 전후해서 대한민국의 거의 모든 진보 정치 세력이 결집하는 데 성공했기 때문이다. 함께 화염병을 던지고 투쟁할 수는 있을지언정 당을 함께할 수 없는 상대라고 규정했던 범 NL 진영과 범 PD 진영이 같은 당에서 활동하는 모습을 그전에는 상상하기도 힘들었다. 앙숙 간의 동거는 불안하기는 했으나 새로운 가능성을 열어 주었다. 서로의 단점을 보완하고 장점을 극대화하는 방법을 찾았기 때문이다.

반대로 민주노동당이 분당하고 진보 정당 운동이 쇠퇴의 길을 걷게 된 것 역시 정파 연합적 질서, 즉 공존의 질서가 깨진 탓이었다. NL 진영이 승자 독식의 욕심을 부리자 PD 진영이 아예 밥상을 엎어 버린 것이다. 이제 민주노동당과 진보신당의 일부가, 자유주의 정치 세력의 일부인 국민참여당을 포함해 통합진보당을 결성했지만 공존의 법칙을 복원했다고 보기는 힘들기에 미래가 불안해 보인다.

야권 대통합의 길을 거부하고 진보 소통합으로 나아간 이유는 "민주당 등 자유주의 정치 세력 본류와 함께할 수 없기 때문이며, 흡수될 우려가 있다."라는 것이었다. 그렇게 치면 진보신당 탈당파와 국민참여당은 민주노동당의 압도적 조직 우위에 흡수될 수밖에 없을 것이다. 정당이란 생각이 다른 사람들이 공동의 목표를 중심으로 협력하는 정치 질서다. 미래가 같을 때 당을 하는 것이지 과거를 이유로 당을 함께하거나 못하는 것이 아니라는 것이다. 정파가 다른 사람들이 당적 질서를 함께하는 것이야말로 미래를 공유하는 길이기에, 야권 대통합의 길을 거부한 진보 정치 세력의 주류를 보면 아쉽고 안타까운 마음이 크다.

노동자의 생존권과 복지국가 건설이라는 진보 정치의 역할을 다하기 위해 진보 정당이라는 틀이 필요했던 것처럼, 진보 정치의 역할을 다하기 위해 야권 대통합의 연합 질서가 요구되는 시점이다. 선관위가 도장 찍어 준 법적 독립성을 진보 정치의 존재 이유로 삼아서는 안 될 것이다. 민주노동당이 정파 연합 질서를 통해 원내 진출이라는 성과를 만들어 냈듯, 야권 대통합이 정파 등록제 등 정체성을 존중하기 위한 제도를 통해 새로운 대한민국을 만들어 내는 힘을 규합할 수 있다고 나는 믿는다.

진보 정당의 독자성을 유지하는 것이 진보 정치의 본질이라고 생각하는 사람들에게 내 생각은 너무 파격적일지 모르지만, 애초 모든 혁신과 도전은 '파격'에서 나오기 마련이다. 기존 질서와 사고방식을 뛰어넘어야 새로운 시작이 가능하다.

4장

대변인 시절,
폭풍 속을 질주하다

기어코 벌어진 북한 핵실험

"핵실험은 조선 반도 평화와 안정에 기여할 것이다"

2006년 10월 9일 오전 11시 40분경.

권영길 원내 대표의 담배 끝이 새빨갛게 타들어 갔다. 대외적으로 이미 금연을 선언한 상태였고 건강 때문에도 꽤 오랫동안 금연을 하고 있었지만 급히 담배를 찾는 그를 말릴 수 없었다. 긴장감이 사무실을 무겁게 짓누르고 있었다.

"북한이 핵실험을 한 것 같다."

어느 경로를 통해 이 황망한 소식을 얻었는지는 기억나지 않지만 이 때부터 정신이 하나도 없었다.

그날 오전 10시 40분에 마친 민주노동당 오전 브리핑 주제는 '한글날 560돌', '북핵 관련', '한일 정상회담' 등 평범한 것들이었다. 지난 10월 3일 북이 이미 핵실험을 예고했기에 관련 뉴스는 넘쳤지만 실제 상황에 돌입하리라고 장담하는 이들은 많지 않았다. 대미 엄포용·협상용이라고 보는 시각이 지배적이었다. 그래서 이날 한나라당을 비롯한 대부분의 정당이 한글날 560돌에 대한 입장 발표를 앞쪽에 배치했던 것이다. 평범하고 조용하게 시작된, 정당 대변인실의 하루였다.

그러나 "북한이 핵실험을 한 것 같다."라는 단 한 줄의 불확실한 소식을 접하는 순간 모든 것이 달라졌다. 문성현 당 대표와 권영길 원내대표에게 급히 연락을 취해 놓고 자세한 상황을 파악하고 있던 중에 권영길 대표가 대변인실이 있는 국회 의정지원단 사무실에 들어섰다.

"사실일까? 사실이겠지. 이걸 어떻게 하면 좋나……."

그는 내게 묻는 것도 아니고 혼잣말도 아닌 애매한 문답을 반복하고 있었다. 핵실험이 사실이라면 북한이 미국의 심리적 영토를 향해 터트린 핵폭탄은 남한 사회 안에서도 터진 것과 다름없었다. 개인적으로 더심각하게 여긴 것은 따로 있었다.

민주노동당 안에서도 또 하나의 후폭풍을 몰고 올 것이 뻔했다. 어쩌면 이를 헤쳐 나가는 것이 더 어려울지도 모른다는 생각이 들었다.

지옥 같은 시간이었다.

사실일까? 사실인 것 같다. 사실이다

새로운 소식이 들어왔다. 북한의 핵실험 징후가 포착됐다는 첩보에 따라 노무현 대통령이 긴급 안보관계장관회의를 9일 오전 11시 30분부터 소집해 회의를 진행하고 있다는 것이다. 반기문 외교통상부 장관과 윤광웅 국방부 장관, 이종석 통일부 장관, 송민순 청와대 안보정책실장, 김승규 국정원장 등 당시 참석자의 면면으로 볼 때 청와대는 핵실험 사실 자체를 확인하고 그 대책을 세우는 것이 분명했다. '사실 확인'은 끝난 것으로 봐야 했다.

문성현 대표에게 "사실인 것 같다."고 알리는 한편, 최고위원과 의원단이 참석하는 긴급 대책 회의를 소집할 필요가 있다는 실무선의 의견도 전했다. 평소 침착했던 실·국장들도 당황한 빛이 역력했다. 문 대표는 "가장 빠른 시간 내 회의 소집"을 지시했다.

회의 소집 지시가 전달되고 회의를 준비하는 동안 텔레비전에서는 북이 핵실험에 성공했음을 공식 선언했다는 보도가 나왔다. 그리고 그날 오후 늦게 북한 조선중앙TV의 아나운서가 감격에 겨운 목소리로 핵실험에 성공했다는 소식을 전하는 장면이 나오기 시작했다.

온 나라 전체 인민이 사회주의 강성 대국 건설에서 일대 비약을 창조해 나가는 벅찬 시기에, 우리 과학 연구 부문에서는 주체95, 2006년 10월 9일 지하

핵실험을 안전하게 성공적으로 진행하였다. 과학적 타산과 면밀한 계산에 의하여 진행된 이번 핵실험은 방사능 유출과 같은 위험이 전혀 없었다는 것이 확인되었다.

핵실험은 1백 퍼센트 우리 지혜와 기술에 의거하여 진행된 것으로서 강위력한 자위적 국방력을 갈망해 온 우리 군대와 인민에게 커다란 고무와 기쁨을 안겨 준 역사적 사변이다. 핵실험은 조선 반도와 주변 지역의 평화와 안정을 수호하는 데 이바지하게 될 것이다.

그녀의 기운찬 목소리가 어디 먼 외계에서 타전되어 들려오는 해독할 수 없는 전파처럼 느껴졌다. 차라리 우리와 상관없는 외계의 일이었으면 좋겠다는 생각이 스쳤다.

신속 대응했지만 논쟁만 두 시간

상황이 발생하고 나서 초기에는, 사태를 파악하고 대책을 마련하기 위한 민주노동당의 행동이 다른 어느 정당보다 빨랐다. 당시 제1 야당인 한나라당보다 관련 대책 회의가 소집된 시각이 한 시간이나 빨랐고, 청와대가 사태 파악을 마친 시점과 당이 사실을 인지한 시점 간에 큰 차이가 없었다. 그런데 대책 회의에 들어간 뒤 무려 두 시간이 넘도록 회의가 진행되었다.

이미 각 정당은 물론 세계 각국의 공식 입장이 전파를 타고 시시각각 국민들에게 전달되고 있었다. 특히 방송사에서 긴급 편성한 뉴스 프로그램에서는 한나라당이 우국충정을 부르짖는 모습이 전파를 타면서 국민들에게 왜곡된 안보 의식을 전달하는 중이었다. 그런데 가장 빠른 대응에 나선 민주노동당은 사태를 파악하고도 4시간이 지나도록 아무런 반응조차 내놓지 못했다. 왜 그랬을까?

네 개 문단으로 간략히 정리된 브리핑 내용을 들고 내가 다시 국회 브리핑룸에 들어선 것은 오후 4시가 다 되어서였다. 이미 대부분 언론사의 1차 마감이 임박했을 때였기에, 기자들이 나를 삼아먹을 듯이 바라보며 "멘트 하나만!"을 외치고 있었다.

멘트를 접한 기자들의 반응은 "아니, 뭐 그런 당연한 입장을 내놓으려고 몇 시간 회의를 하고 이제야 발표하느냐?"는 것이었다.

간략히 말해 당의 입장은 "민주노동당은 반핵 강령의 정당으로서 북한 핵실험에 대해 강한 충격과 유감을 표명하는 한편, 그 일차적 책임은 미국의 [대북] 적대 정책에 있으며 어떤 군사적 행동에도 반대한다."라는 것이었다.

북핵은 북의 자위권이라고 주장한 민주노동당 고위 당직자들

그러나 그 단순한 입장 몇 줄에는 격한 논쟁은 물론, 가슴 쓸어내릴 일이 숨어 있었다. 핵실험은 북한이 했지만 정작 그 핵실험의 후폭풍은 민주노동당 내부에서 일기 시작했던 것이다.

민주노동당은 정파 연합당으로, 그 안에 흔히 자주파와 평등파로 대표되는 두 개의 큰 흐름이 존재했다. 두 흐름 사이에 놓인 가장 큰 견해 차이는 '북'에 대한 이해였다. 거칠게 표현하면 북에 대해 호의적인지 아닌지에 대한 차이일 수도 있다.

당시 한 최고위원은 인터넷 신문인 『레디앙』에, 북의 결정과 태도를 이해하는 입장에서, "선택의 여지가 없는 북에 대고 [핵실험은] 절대 안 된다는 입장을 전달하는 것은 자족적인 측면은 있을지 모르지만 현 정세에서는 의미가 없다."라고 인터뷰를 했다.

또한 분당 과정에서 결별 이유 중 하나로 지목되었던, 이용대 정책위의장의 (북한이 미국과 대치하는 국면에서 북핵은 자위적 측면이 있다는) 이른바 '자위권' 인터뷰 발언 파문은 (본인이 부인했음에도) 북핵 문제를 둘러싼 양측의 대립을 더욱 부채질하고 말았다.

반면에 평등파는 당의 반핵 강령이나 평화 정당으로서의 위치 및 국민 정서를 생각할 때, 지금은 북의 행동에 대해 당의 입장을 분명히 밝혀야 할 때라고 주장했다.

권영길, 자주파에 지혜로울 것 당부

회의에서는 이런 양쪽의 분위기가 팽팽하게 맞섰다. 어느 한쪽이 전적으로 맞거나 틀리는 문제는 아니었다. 당시 대변인으로서 나의 관심은 국민들이 이번 사태를 통해, 민주노동당에 대해서 어떤 이미지를 갖게 될지에 쏠려 있었다.

대개 국민들의 정당 이미지는 여러 차례에 걸쳐 형성되는데, 이번 사안은 민주노동당을 반대하거나 비판하는 세력이 진보 진영을 공격할 때 가장 많이 사용하는 '친북 세력'이라는 낙인에 화룡점정이 될 만한 것이라고 판단했다. 거듭 신중을 기해야 할 사안이었다. 원내 10석을 가진 '진보 정당'으로서, 무책임한 운동권 식 논리를 섣불리 내세울 수도 없었다.

논쟁만 하고 있을 수는 없었다. 이날 회의의 무게중심은 권영길 원내 대표가 잡았고 문성현 대표와 천영세 의원이 뒤를 이었다. 권 대표는 자주파 쪽 참석자들을 향해 지혜로울 것을 당부했고, 이후 전개될 국면에서 민주노동당이 오히려 미국의 책임을 더 부각시키고 정부의 무분별한 대응을 막기 위해서는 "지금 당의 입장을 분명하게 세워야 할 필요가 있다."라는 발언을 했다.

이날 권영길 대표의 입장은 자주파에게 불리한 것이었고, 이후 자주파는 권 대표에게 비우호적인 태도를 취했다. 나중에 대선 경선 국면에서 자주파 쪽이 '독자 후보론'의 불을 지피는 계기가 되기도 했다.

대변인에게 불똥이 튀다

논쟁은 논쟁이고, 국민들에게 전할 당의 입장을 정리해야 했다. 이는 대변인의 업무이기도 하다. 그런데 발표하기 직전 김선동 사무총장에게서 전화가 왔다. 발표될 성명서를 미리 보내 달라는 것이었다. 듣기에 따라서는 사전 검열처럼 여길 수도 있었지만, 민감한 사안이기에 사무총장이 요구할 수 있는 일로 치부했다. 그런데 사무총장의 요구는 그것으로 끝나지 않았다.

그는 두 군데 문장을 삭제하라고 요구했다. "'북의 핵실험이 조선 반도와 주변 지역의 평화와 안정을 수호하는 데 이바지하게 될 것이다.'라는 주장에 동의하지 않는다."와 "핵실험에 대해 강한 충격과 유감을 표시한다."라는 두 문장이었다. 하지만 이 문장이 삭제되면 당이 북한 핵실험에 대해 어떤 입장인지는 흐려지고, 미국의 대북 압박 정책의 문제점만 지적하는 엉뚱한 성명이 되고 만다. 북핵 실험의 문제점만 지적하는 것도 문제지만, 당장의 사태를 언급하지 않고 미국의 정책이 실패했다고 맹비난하는 입장도 국민들이 납득할 수 없기는 마찬가지였다.

나는 회의 결과와 다른 요구이므로 따르지 않겠다고 했지만, 사무총장은 "이번만은 박 대변인이 나의 뜻을 따라 달라."고 요구했던 데서 한 걸음 나아가 "문 대표가 성명 발표에 대해 사무총장이 대변인과 논의하라."고 했다며 '지시 사항'이니 따르라는 강경한 태도를 보였다. 자주파의 지지를 받고 대표직에 당선된 문 대표로서는 사실상 알아서 하라는 애매한 태도를 보였다고 할 수도 있겠지만, 대변인으로서 이런 식의 압력을 받기란 죽을 맛이었다.

오늘 이것만 발표하고 그만 두자

'오늘 이것만 발표하고 그만 두자.' 이렇게 각오했다. 김선동 사무총장에게 회의록을 전체 최고위원회에서 회람해 누구의 입장이 회의 결과를 정확히 반영했는지를 따져 보자고 맞섰다. 회의록을 발표하는 것이 아니라, 국민 정서를 감안해 당의 확고한 입장을 반영한 '대국민 메시지'가 담긴 성명을 발표하는 일이었다. 단순히 어떤 정치적 견해가 더 담기느냐 마느냐의 문제가 아니었기 때문이다. 전화기를 통해 주고받는 목소리는 점점 높아졌고 주변에 있던 당직자들은 이 상황을 당황스럽게 바라보기 시작했다.

장시간에 걸친 설전 끝에 나는 사무총장이 요구한 두 개의 문장 중에서 "북의 핵실험이 조선 반도와 주변 지역의 평화와 안정을 수호하는 데 이바지하게 될 것이다.'라는 주장에 동의하지 않는다."라는 한 문장만 삭제했고, 나머지는 내가 작성한 대로 발표했다. 두루뭉술하게 사무총장의 요구에 대답한 뒤 내 맘대로 했으니 사실상 대변인 경질감이었지만 당과 진보 정치의 어려운 처지를 고려한, 나로서는 최선의 선택이었다.

어찌 보면 대변인에게 뒤통수를 맞은 셈인 사무총장에게는 개인적으로 미안했지만, 내가 선택한 최선의 양보 지점이 그것이었다. 이 핵폭풍 속에서 민주노동당이 무방비 상태로 난도당할 수 있는 최악의 상황을 막아야 했고, 그 근거를 남겨야 했다. 뒤에 사무총장이 이 문제를 두고 무겁게 문제 제기를 했지만 대변인 경질까지 논의되지는 않았다.

분당 원인을 잉태한 북핵 실험 논쟁

지금 생각해 봐도 그때 우여곡절 끝에 내부 논란을 겪기도 했지만, 국민들에게 상식적인 수준의 성명을 발표한 것은 다행스러운 일이다.

당시 시민 단체의 반응을 종합해 『한겨레』에 실린 기사의 제목마저 "'한반도 생존권 볼모 삼다니……' 충격·우려"였다. 당시 국민들의 정서가 어땠는지를 있는 그대로 보여 주는 제목이다. 그럼에도 민주노동당이 운동권의 인식과 고집대로 입장을 정리해 발표했다면 엄청난 여론의 질타를 받았을 것이다.

운동권처럼 하고 싶은 대로 하려 한다면 그냥 운동 단체로 활동하면 되지, 국민들의 반응을 살펴야 하는 대중정당을 만들 필요가 없다. 자칫 잘못 대응하면 당이 북에 대해서는 이해심 깊은 태도를 강조하면서, 정작 발 딛고 선 남쪽 민중에 대한 이해심은 조금도 갖지 못한 집단으로 낙인찍힐 것이 불을 보듯 뻔했다.

그러나 이 북한 핵실험을 둘러싼 당시 논쟁은 이후 민주노동당의 방북 과정은 물론 2007년 대선 경선 과정에도 영향을 미쳤고, 심지어는 분당의 필연적 사유로 언급되기도 했다.

북한의 도박은 성공적이었다고 평가될 가능성이 높아졌다. (최근에 다시 어려움을 겪고는 있지만) 북한에 대해 가장 적대적이었던 부시 정권이 직접 북한의 테러 지원국 지정을 해제하게 함으로써, 북핵 문제를 해결할 수 있는 결정적 물꼬를 마련한 것이 2006년 10월 핵실험이었기 때문이다.

또한 민주노동당마저 북한의 핵실험을 비판할 경우 북의 고립은 심각해지고 미국이 원인을 제공한 책임이 사라질 수밖에 없다는 자주파 쪽의 당시 우려도 근거가 없는 것은 아니었다. 핵실험 후 민주노동당이 평양을 방문했을 때, 북한의 김영남 위원장 역시 핵실험이 남쪽을 향한 것이 아니라 미국의 대북 압박 정책을 분쇄하기 위한 고도의 정치적 조처임을 누누이 강조했다.

언젠가 한국전쟁 이후 북한이 미국을 상대로 벌여 온, 생존을 위한 대미 외교 전술들은 심지어 미국 내에서도 국제 외교 관계의 교과서적 사례로 다뤄진다는 이야기를 들은 바 있다. 하지만 결과적으로 북한의 핵실험이 그들 입장에서 성공한 전술이고, "조선 반도와 주변 지역의 평화와 안정을 수호하는 데 이바지하게 될 것"이라는 주장이 실현된다고 한들, 북한의 선택을 이해할 수는 있어도 용납할 수는 없다는 내 생각은 변함이 없다.

핵을 허용하지 않는다는 진보 정치의 오랜 전통까지 언급하지 않더라도, '절멸적 위험'을 야기할 핵무기로 모든 민중의 생존을 걸고 도박하는 일이 두 번 다시 일어나서는 안 되기 때문이다. 남한의 진보 정치 세력이 생존하기 위해서도 그렇다.

이렇게 20여 개월 남짓한 나의 대변인 시절 동안 가장 강력하고 충격적인 사건, 전 세계를 뒤흔든 북한의 핵실험 사건은 나와 민주노동당마저 심각하게 요동치게 했다. 그 충격에 따른 민주노동당의 균열과 내상은 분당에 이를 때까지 끊임없이 그 여파를 키워 갔다.

대변인은 단타 매매

한 맺힌 사람들로 인식되는 진보

2009년 진보신당의 정치아카데미 행사에 강사로 단상에 선 영화배우 박중훈 씨는 강의 중에 진보신당 사람들이 인식을 전환해 줄 것을 당부하면서, "[진보신당 사람들이] 한 맺힌 사람들일 것 같다는, 일반 대중이 갖고 있는 이미지에서 벗어나려고 노력해 달라."고 강조했다.

군이 박중훈 씨의 지적이 아니더라도 이미 오래전인 2006년 8월 10일자 『한겨레21』에서 민주노동당에 대한 '표적 집단 면접'을 통해 얻어 낸 이미지가 "(바싹 마르고 머리를 기른) 개성과 고집이 강한 20~30대 초반"이었음을 보면, 일반 국민이 민주노동당 혹은 이들로 대표되는 진보 진영 사람들에 대해 호감을 갖고 있지 않다는 사실을 짐작할 수 있다.

동일 조사에서 열린우리당은 "(깔끔한 양복에 머리가 잘 정돈된) 소탈하고 활달한 30~40대 후반"의 이미지를 갖고 있었다. 대체로 선거에서는 자신과 생각이 비슷하고 이미지가 닮은 정당 및 후보자에게 투표하는 경향을 보인다고 할 때, "개성과 고집이 강한 20~30대 초반"이라는 인식은 정당 이미지를 매우 협소하게 할 수 있다. 변화가 필요하다는 신호였다.

대변인 시절 만났던 기자들의 인식 또한 크게 다르지 않았다.

"가부장적이고 고집스러우며 무표정한 얼굴의 50대 남성이 경상도 사투리를 쓰고 작업복을 입고 있을 것 같다."는 것이었다. 『한겨레21』의 조사와는 다르나, 선뜻 다가서기 어렵다는 점에서는 일맥상통한다.

자기 신념과 주장이 강해 남의 의견을 듣지 않을 것 같고, 북한과 친할 것 같고, 민주노총의 정치적 이익대표부 역할을 하고 있으며, 집권 능력을 보여 주지 못해 집권할 가능성도 매우 낮아 보인다는 것이 민주노동당을 둘러싼 공통된 부정적 이미지 틀이었다.

당은 전략적 투자, 대변인은 단타 매매

어떤 집단이든, 자신의 바람과는 달리 긍정적인 이미지만이 아니라 부정적인 이미지가 만들어진다. 모든 정당들이 이런 외부 이미지를 인식하고 부정적인 이미지를 벗어나기 위해 부단히 노력하고 있다. 정당이 고착된 이미지를 극복하기 위해 선택할 수 있는 방법에는 대표자 변경, 정책 노선 변화, 통합 이미지 재구축 등이 있다.

2004년 노무현 전 대통령 탄핵에 따른 역풍을 맞았을 때 박근혜 대표를 앞세운 읍소 정치로 위기를 벗어난 한나라당이 대표자 변경 방식으로 반응했다면, 대선 당시 구석에 몰린 정동영 후보가 갑작스럽게 '좌회전'을 시도하면서 '진보적 정책'을 차용한 것은 정책 노선 변화 방식으로 대응한 것이다.

민주노동당이 사회 연대 전략 차원에서 야심 차게 준비해 발표했던 '비정규직 등 연금 사각지대 해소 방안'이 『경향신문』 1면에 소개되면서 격찬을 받았던 것 역시 "민주노동당은 대기업 노동조합의 정당이다."라는 인식에서 벗어나고자 추진한 정책 노선 변화 노력이 훌륭하게 반영된 것이었다.

이 밖에 대변인을 통해서도 정당 이미지를 어느 정도 개선할 수 있다. 정당의 정책 노선 변화나 대표자(후보자) 변경 등이 '전략적 투자'에 해당한다면, 대변인은 사실상 '단타 매매'에 해당한다. 매일 벌어지는 온갖 일들에 대해 당의 입장을 전달하는 사람인 동시에, 시시각각 새롭게 펼쳐지는 정치 구도 속에서 당을 부각시키고 당의 주장을 도드라지게 전달해야 하는 임무를 수행하지만 전략적 과제를 수행하는 역할과는 아무 관계가 없기 때문이다.

하지만 잔매에 골병들고 가랑비에 옷 젖는다고, 당의 이미지를 규정하는 데 대변인 한 명이 미치는 영향도 결코 작지 않다. 기존의 부정적인 정당 이미지를 바꾸는 데 성과를 거둔 이들로는 한나라당의 이계진·나경원 대변인이 있다. 그들은 모두 한나라당에 따라붙은 '독재 잔당, 꼴통 보수, 저질 문화, 강성 노선, 지역주의 정당' 따위의 부정적 이미지에서 벗어나 있는 사람들이었다.

방송사 아나운서 출신으로 부드러운 말투를 지닌 이계진 대변인이나, 전여옥으로 대표되는 한나라당의 전형적인 여성 정치인 상과는 상반된 이미지의 나경원 대변인 덕에 "한나라당은 서울과 수도권에서 2퍼센트 정도의 정당 지지율 이익을 보지 않겠느냐."라고, 당시 열린우리당 우상호 대변인과 함께 이야기를 나눈 적도 있다. 물론 최근 서울시장 보궐선거에 한나라당 후보로 출마한 나경원 전 대변인의 경우 초기 이미지가 엷어지고 점차 한나라당의 수구·보수 이미지로 바뀌어 왔다고 할 수 있다.

나 또한 대변인으로 임명되는 순간부터 민주노동당을 둘러싼 부정적 이미지를 최대한 불식해야 하는 역할이 부여된 셈이다.

뻔한 논평은 불친절한 논평이다

2007년 들어서면서 전두환 씨의 고향인 경남 합천 군수가 '새천년생명의숲'이라는 기존 시민 공원의 이름을 (전두환의 아호를 따) '일해공원'으로 변경하려고 하면서 전국이 한바탕 시끄러웠다.

이에 대해 민주노동당이 논평을 하지 않고 지나갈 수는 없었다. 마음 같아서는 눈에는 '불이 일고' 문장에는 '피가 끓는' 논평이 있어야 했다. 그렇지만 달라져야 했다. 적어도 정당이라면, 자신의 주장을 선명하게 전달하면서도 최대한 넓은 공감을 얻을 수 있도록 표현할 줄 알아야 한다. 정당 대변인의 뻔한 논평은 국민에게 매우 불친절한 논평일 뿐이라고 생각했다.

하지만 전두환이 워낙 '나쁜 남자'인데다가 공원 이름을 변경하자고 주장하는 이들의 인식도 비루한 탓에, 어떻게 비판의 날을 세울지 적지 않게 고민했다. 결국 전두환과 공원 이름 변경을 지지하는 세력 모두를 비웃기로 했다.

"전두환 씨의 아호인 '날 일(日)' 자와 '바다 해(海)' 자 '일해'는 횟집 이름에나 어울릴 뿐이다."

이렇게 한 줄 논평을 남겼다. 말을 더 보태 봐야 내 말만 아깝다는 태도로 쐐기를 박고 간 것이다. 방송과 신문, 인터넷 매체에서도 이 논평을 언급했다.

그 전해인 2006년 최연희 의원의 여기자 성추행 사건이 일어났을 때 한나라당의 대응 방식은 "술이 원수다."였다. 술자리에서 일어날 수 있는 일쯤으로 치부하려는 것이었다. 이에 대한 우리의 논평은 "술은 무죄다."였다.

"나도 애주가이지만, 대한민국의 술 마시는 모든 사람이 최연희 의원처럼 행동하지 않는다. 술이 무슨 죄냐?"

한나라당의 질 낮은 반응에, 구태여 정치 원론이나 인간 도리를 늘어놓을 필요가 없었던 것이다. 당시 폭탄주가 문제이니 폭탄주를 응징(?)해야 한다며, 한나라당 박진 의원이 국회 기자회견장에서 벌인 '폭탄주 박살 퍼포먼스' 때문에 깨진 유리잔과 어지럽게 흩뿌려진 양주로 아수라장이 된 현장에서, 한 젊은 애주가가 남긴 '울분에 찬 한마디'는 많은 기자들과 국민들의 공감을 얻었다.

이 논평은 당시 많은 언론에서 기사화하기도 했지만, '진보 정당은 이렇게 대응할 것이다.'라는 틀에 박힌 인식에서 벗어났다는 점에서도 주목받았다.

다가서기 위한 노력은 진보 정치의 의무다

보수정당이든 진보 정당이든 각 당은 여전히 국민들에게 여러 가지 이미지로 각인되어 있다. 그중 긍정적인 측면을 강화하고 부정적인 측면의 이미지를 불식하려는 노력을 전략적으로 진행해야 한다.

돌이켜 보면 민주노동당은 2006년 5·31 지방선거 이후 여러 곳에서 나타난 위기의 신호를 감지하고 있었다.『한겨레』·『경향신문』·『프레시안』등 진보 성향의 언론 매체에서 다룬, 민주노동당 관련 특집 기사의 키워드 또한 대부분 '위기'였다.

원내 진출 이후 변화의 모습을 보이지 못한 것도 위기론에 무게를 더했다. 그 징후들을 제대로 인식하고 해소하지 못한 것이 대선 패배와 분당이라는 결과로 이어졌다고 볼 수 있다.

선거 때마다 새로운 인물을 영입하거나, 새로운 어젠다를 제시하면서 기존 이미지를 가리려 하는 보수정당들의 노력을 비웃기만 할 것이 아니다. 진보 정치는 우리의 주장이 옳다고 하는 강한 자부심과 신념만으로는 실천될 수 없다. 국민들의 눈높이에 맞추기 위한 끝없는 노력이 요구된다. 이제 그것은 선택 사항이 아니라 의무 사항이자 진보 정치가 생존하기 위한 필수 조건이다.

줄기세포, 민주노동당을 세 갈래로

노성일의 폭탄 증언이 있던 날 밤

송년 분위기가 넘실대는 2005년 12월 15일 밤.

내 수첩에는 지금도 그날 밤 일정이 '방송카메라기자협회 송년회'라고 적혀 있다. 총회를 겸해 송년회를 하고 그해에 훌륭한 활동을 한 카메라 기자에게 시상하는 자리다.

방송사 카메라 기자들의 모임이다 보니 대변인이나 주요 정치인들이 꼭 챙기는 자리였다. 당사 근처 중소기업중앙회 건물에서 행사가 열렸기 때문에 시간에 맞춰 행사장에 도착해서는 참석자들과 인사를 나누었다. 아는 기자 몇몇이 보이지 않아 한 기자에게 물었다.

"○○○ 선배는 아직 안 온 모양이죠?"

"갑자기 취재가 잡혔어요. 난리가 났거든요."

"난리라니요?"

"박용진 대변인은 몰랐구나! 지금 황우석, 사기라고 증언이 나왔잖아요."

"언제요? 누가요?"

"미즈메디 노성일이요. 오늘 오후 늦게."

행사고 뭐고 뒤도 돌아보지 않고 당사로 뛰기 시작했다. 2백 미터도 되지 않는 행사장에서 당 건물로 뛰어가는 그 짧은 시간 동안에도 롱코트와 가방이 거주장스러워 버리고 싶을 정도로 마음이 급했다.

당사 건물에는 아무도 없었다. 『연합뉴스』 속보란에도, 네이버 뉴스 창에도 아무런 정보가 없었다. 노성일을 인터뷰한 것으로 알려진, MBC의 민주노동당 출입 기자에게 전화를 했다. 그의 목소리에서 극도의 긴장감이 느껴졌다. 사실인지 아닌지, 인터뷰 내용이 무엇인지를 성급하게 묻는 내게 낮은 목소리로 답했다.

이건 사실 대외비입니다

"회사 밖에는 사실 대외비예요. 오늘 방송에 내보낼지에 대해서도 아직 회사 방침이 안 섰어요. 없다고 말한 건 확실한 모양이에요."

황우석을 다룬 〈PD수첩〉 방송분 때문에 문을 닫을 판이라는 이야기가 나올 정도로 궁지에 몰린 방송사의 기자로서 당연한 태도였다. 그는 더 말해 주지 않았지만 두 가지 팩트를 확인한 셈이다.

하나, 노성일의 인터뷰가 있었다.

둘, 그가 줄기세포가 없다고 말했다.

그 순간 머릿속에 떠오른 것은 두 단어였다.

'이겼다! 살았다!'

2004년 11월 14일 민주노동당 한재각 정책연구원의 책임 아래 "황우석 교수 퍼주기, 265억 예산 삭감해야"라는 제목으로 정책위원회의 보도 자료가 나가면서 시작해 1년 넘도록 계속된, 황우석과 민주노동당의 대립에서 최종 승부점을 찍는 순간이었다.

이는 황우석을 비호하고 비상식적 영웅화에 나서면서 국고를 탕진해 온 노무현 대통령을 비롯한 모든 정치인 및 정치 세력과의 대립이기도 했고, 황우석 신드롬에 사로잡힌 국민들과의 대립이기도 했다.

이 사실을 가장 먼저 전화로 알린 것은 당시 (김혜경 대표 체제가 총사퇴한 이후) 비상대책위원장을 맡고 있던 권영길 의원과, 황우석과 관련된 모든 논평과 언론 대응 방법을 함께 논의한 문명학 제1정책조정실장이었다. 두 사람은 당이 황우석 사건에 대응하는 세 꼭짓점 중 두 꼭짓점을 형성하고 있었다. 문명학 실장은 15일 이전에는 정책위원회 내부 의견에 힘을 실어 주면서, 어정쩡한 태도를 보이고 있던 당 지도부를 압박했고, 15일 이후에는 오히려 당이 경거망동하지 않도록 주의를 주는 역할을 했다.

황우석의 줄기세포 연구와 관련해 당 내외의 대립과 갈등 구조를 내 나름의 기억을 바탕으로 간략히 설명하면 다음과 같다. 외부적으로 당은 맹목적인 황우석 지지 세력들과 대립했다. 당은 '외부에서 보면' 황우석 사건에 문제를 제기하는 집단으로 '인식'되었다. 하지만 당을 제외한 모든 정치 세력과 노무현 정부, 그리고 언론 매체 등 대한민국의 거의 모두가 황우석 문제와 관련해 당과 대립했다. 외롭고 힘들었다.

황우석 사건을 바라보는 민주노동당의 세 기류

당 내부적으로도 입장이 미묘하게 갈렸다. 먼저 한재각 연구원을 중심으로 하는 정책위원회의 '원칙 강경파'가 있었다. 이들은 애초부터 황우석에 대해 '확신'을 가지고 있었다. 연구의 윤리 문제, 정부와 서울대의 부적절한 재정 몰아주기와 황우석 영웅 만들기 등의 부적절한 태도를 중심으로 문제를 제기했고 시종일관 단호한 태도를 보였다.

다음은 '속도 조절파'로 권영길 비대위원장이 대표적이었다. 그는 원칙 강경파의 단호함이 원칙적으로 옳다는 점을 인정하면서도, 해일처럼 당에 밀어닥치는 황우석 지지 세력들의 공격과, 황우석에게 우호적이고 당의 문제 제기를 못마땅해하는 국민 여론 사이에서 곤혹스러워했다.

몇몇 최고위원들과 의원들은 정책연구원 명의의 보도 자료가 아무런 사전 논의 없이 발표되고, 그것이 곧바로 당론으로 인식되어 지도부나 의원들이 자신도 모르는 사이에 규정된 당의 입장을 방어해야 하는 상황을 곤란하게 여겼다.

정책 논평은 정책위원회를 거쳐 대변인실에 넘어 오면 특별한 문제가 아닐 경우 그대로 발표되는 것이 상례였다. 그런데 황우석 사태 당시 발표되는 정책 논평의 파장은 매번 엄청난 것이어서, "사전 논의가 없었다."는 새삼스러운 절차상의 문제 제기가 부각되며 비대위원회 논의가 진행되었다.

그 결과 비대위원회의 논의를 거쳐 대변인실과 엄중히 논의한 후 발표해야 한다는 틀을 만들게 되었는데, 이 때문에 나중에 권영길 의원은 "[사건의 진상을 규명하려는 이들에게] 사실상 재갈을 물리고 논의를 가로막은 것 아니냐!"는 비판을 받는 등 한바탕 곤욕을 치르기도 했다.

마지막으로 '비판파'가 있었는데, 여러 종류였다. (사태가 해결된 이후 대부분 탈당했지만) 황우석 지지파도 있었고, 우리가 왜 괜한 논쟁에 휘말리느냐는 사람도 있었다. 한재각 연구원에 대해 당의 지지율을 깎아먹는다고 비아냥대는 사람도 있었다.

어쩌면 '속도 조절파'와 '비판파'가 표현은 달라도 결은 같이한다고 볼 수도 있다. '원칙 강경파'의 지적을 인정하느냐 인정하지 않느냐에 따라 구분된다고는 하나, 당내에서 '대 황우석 전선'을 책임지고 있던 한재각 연구원을 비롯한 이들에게 부담이 되기는 마찬가지였다.

2004년 11월 14일 한재각 정책연구원의 정책 논평이 나간 이후 노성일 원장의 증언이 나올 때까지 당이 내보낸 황우석 관련 언론 대응(논평, 보도 자료, 성명, 브리핑 포함)은 모두 26개이고 이 가운데 19개가 '당의 입장'을 담았는데, 여기서 한재각 연구원의 책임 아래 나간 것이 11개 정도였다. 대변인인 내 책임 아래 정리되고 나간 논평과 브리핑이 겨우 4개였던 것과 비교하면, 분량만 봐도 그의 열정과 전문성은 압도적이었다고 할 만하다.

대변인실과 협의하라는 12차 비대위 회의의 결과는 한재각 동지의 이런 노력에 발목을 잡는 격이었다. 이를 두고 당내는 한바탕 시끄러웠다. 당원 게시판과 자유 게시판에는 "현실을 모르는 책상물림들"이라는 비판과, "원칙을 저버린 비겁한 태도"라는 반박이 들끓고 있었다.

황우석 사건 관련 일지

2005.11.12. 미국 피츠버그대 섀튼 박사가 돌연 황 교수와 결별을 선언.

___11.22. MBC 〈PD수첩〉, 황우석 교수의 난자 확보에 대해 의혹을 제기. 황 교수 사태 국내외 과학계를 강타.

___11.24. 황우석 교수, 연구원의 난자 사용 사실을 시인하고 모든 공직에서 사퇴. 이후 〈PD수첩〉 팀과 황 교수 팀 사이에 줄기세포 재검증과 논문 조작 여부를 놓고 줄다리기가 이어짐.

___12.04. YTN이 피츠버그대에 파견된 김선종·박종혁 연구원과 인터뷰한 내용을 방송해 〈PD수첩〉의 비윤리적인 취재 행태를 비판. 6시간 뒤 MBC 〈뉴스데스크〉에서 대국민 사과 발표. 생물학연구정보센터(BRIC) 내 게시판에 2005년 『사이언스』에 실린 줄기세포 사진이 인위적인 조작이었을 것이라는 의혹을 제기.

___12.07. 황우석 교수, 수면 장애와 스트레스에 따른 탈진을 이유로 서울대 병원에 입원.

___12.12. 서울대 조사위원회 설치.

___12.15. 노성일 미즈메디병원 이사장이 황 교수로부터 "줄기세포는 없다."는 이야기를 들었다고 밝힘.

___12.17. 황우석 교수, 서울대에 보관 중인 줄기세포 가운데 상당수가 미즈메디병원 세포로 바뀐 것을 확인했다며 '바꿔치기' 의혹 제기.

___12.20. 노성일 이사장, 지난 2004년부터 황 교수팀에게 난자 1천2백여 개를

제공했다고 주장.

_____12.22. 황우석 교수, 검찰에 '바꿔치기' 의혹에 대한 수사 요청.

_____12.24. 서울대 조사위가 2005년 논문이 고의로 조작됐다고 결론을 내리자 황 교수는 교수직을 사퇴. 김선종 연구원이 입국해 서울대 조사위의 조사를 받으면서 '바꿔치기' 의혹 부인.

_____12.29. 서울대 조사위가 "2005년 논문의 맞춤형 줄기세포가 없다."고 발표한 데 이어 12일 만에 환자 맞춤형 줄기세포 주가 존재했다는 어떤 과학적 근거도 가지고 있지 않다는 최종 결론을 발표.

__YTN 보도를 참고해 재작성.

황우석 쇼크에 난 떨고 있었다

당이 이런 의견 대립을 보일 때, 대변인이 어떻게 처신해야 하는지는 참 곤혹스럽다. 권영길 비대위원장을 비롯한 지도부는 내게 (대언론) 발표 수위와 속도를 조절하는 역할을 맡겼고, 한재각 연구원과 정책위원회 측에서는 내게 지도부의 압박에 버티라며 '압박'을 가하는 상황이었다. 여기에 더해 막말도 듣고 비아냥거리는 말도 들었다.

이때 문명학 실장의 존재는 큰 힘이 되었다. 비대위의 결론이 난 후, 시시각각 달라지는 상황에 대해 한재각 연구원이 입장을 정리하면 이를 두고 한재각·문명학과 내가 대언론 발표 내용의 틀을 어떻게 잡을지를 논의했다. 세 사람의 처지와 성격에는 독특한 점이 있었다.

간단히 말해, 한재각 연구원은 황우석을 알고 정책을 알았다. 문명학 제1정책조정실장은 정책과 정치를 알았고, 나는 정치와 언론을 알았다. 선비 같은 결기로 문제를 바라보는 한재각 연구원을 언론 사업의 최전선에 선 내가 이해하기란 쉽지 않았고, 그 반대도 마찬가지였을 것이다. 그 사이에서 양쪽을 아는 문명학 실장이 효과적으로 조율했다. 내게는 심리적으로도 실질적으로도 의지가 되었다.

하지만 고백하건대 내가 역할을 잘한 것은 아니다. 맹목적인 황우석 지지 세력이 MBC와 〈PD수첩〉을 맹공하고, YTN이 〈PD수첩〉의 '비윤리적 취재'에 문제 제기성 기사를 내면서 MBC 측의 대국민 사과를 받아 낸 12월 4일 이후에는 나도 완전히 겁에 질려 버렸다.

당에 우호적이던 기자들이나 주변인들마저 하나같이 "당이 왜 지금 나서는지 모르겠다."라며 짜증과 우려를 표시하자, 나는 한재각 연구원에게 하지 말아야 할 전화까지 했었다. "MBC에는 미안하지만 우리가 잠시 호흡을 조절하자."는 내용이었다.

한재각 연구원은 그럴 수 없다고 단호히 거부하면서 나를 질타했다. 그때 나눈 대화를 생각하면 지금도 부끄럽다. 서로 자기의 자리를 잘 지켜 당의 입지를 유지해 가야 했던 책임을 저버릴 뻔했기 때문이다.

2005년 초겨울, 거짓이 드러나자 모두가 부끄러워졌다

생물학연구정보센터(BRIC)가 논문의 사진이 조작되었다는 의혹을 제기한 이후 서울대에서는 황우석 논문 재조사위원회가 구성되었고, 황우석은 돌연 병원에 입원했다. 국면은 점점 유리해져 갔지만 당에 쏟아지는 비난은 전혀 줄지 않았다. 노성일이 증언해 국면이 바뀌면서 일방적으로 몰려 있던 당과 〈PD수첩〉은 기사회생했다.

하지만 이 사건을 통해 책임져야 했던 세력, 즉 노무현 정부는 물론 정동영·손학규·박근혜를 비롯한 거물 정치인들은 아무런 책임을 지지 않고 발뺌하기에 바빴다. 누군가가 말한 것처럼 모두가 이 범죄에 연관되어 있었기 때문에 그럴 수 있었는지도 모른다.

내부적으로 갈등하고 대립한 결과 서로 상처를 남겼다고는 하나 그때 민주노동당이 없었고, 어떤 상황에서도 꿋꿋이 진실을 말하겠다고 다짐한 이들이 없었다면 우리 사회는 더 암담해졌을 것이다. 황우석 사태는 대한민국의 부끄러운 현실을 반영하는 것이기도 했지만, 그 진실을 밝히는 데 앞장선 이들 또한 우리 사회의 구성원이기에 우리 사회에 여전히 희망이 있다고 할 만했다.

『경향신문』 역시 1면에 실린 전면 사설 "고통스러운 진실 찾기, 그럼에도 아련히 보이는 희망"을 통해, 다음과 같이 민주노동당에 찬사를 보냈다.

정치권에도 헌사를 받아야 할 이들이 있다. 바로 민주노동당이다. 거대 여야 정당들이 누가 먼저랄 것도 없이 한 목소리로 '황우석 감싸기'에 매몰됐음에도 불구하고 민주노동당만은 무지막지한 정치·사회적 '따돌림' 속에서 꿋꿋하게 '외로운 진실'의 편에 섰던 것이다.

한편 2005년 12월 18일 개최된 제7차 중앙위원회에서 권영길 비대위원장은 개회사를 통해 황우석 사건을 언급하면서 "세상의 찬사가 민주노동당에 오고 있다면 그 찬사는 온전하게 한재각 동지에게 가야 한다."라고 하며 다음과 같이 말했다.

진실을 밝히기 위해 사회적 소수가 되는 것을 두려워하지 않는 것은 많은 용기를 필요로 합니다. 그 용기 있는 집단이 있어 희망이 있습니다. 그 가운데 민주노동당이 있습니다. 숱한 언론이 당의 이야기에 귀를 기울이고 있습니다. 우리 당원들은 정책연구원에게 아낌없는 격려를 보내야 한다고 봅니다. 한재각 동지입니다.

누구도 주목하지 않은 일을 끊임없이 파헤치고 진실을 찾기 위해 도전했습니다. 더불어 당의 정책적 입장을 조율하고 발표는 데에 숱한 논의와 노력을 아끼지 않은 많은 이들에게 감사하고 존경의 말씀을 드립니다. 상처 받은 당원들에게도 위로와 응원을 보냅니다.

모두 이번 일을 통해 크게 배웠다고 생각합시다. 언론과 사회적 분위기가 왜곡된 부분이 있어 상처 받고 어려움도 겪었지만 당을 생각하는 마음도 읽었습니다. 그들에게도 응원과 격려를 보냅니다. 이분들이 더 큰일을 할 것이라고 보고 있습니다.

사실상 사과의 의미를 담은 말이었다. 사건을 둘러싸고 자신과 대립하던 당원들을 존중한다며 사과의 손길을 내민 것이다. 이런 입장을 밝힌 것만으로 당내 논란이 완전히 가라앉은 것은 아니지만, 이후 당은 황우석 문제와 관련해 유일하게 도덕적·정치적으로 발언권을 갖게 되었다.

2005년 초겨울, 황우석이라는 한파에 맞선 민주노동당은 '금기에 도전하고 성역을 용납하지 않는 진보 정치 세력의 의무'를 다했다고 기억될 것이다.

그런데 왜 지지율에는 변화가 없었을까

그럼에도 한 가지 생각해 볼 것이 있다. 진보 정당을 제외한 모든 정치 세력들이 황우석에게 '올인'했다. 현직 대통령뿐 아니라 대선 주자들까지 전부 황우석의 편에 섰기 때문에, 이들은 진상이 밝혀진 이후 황우석 사건을 처리하는 과정에서 민주노동당의 발언권을 인정했다. 국회 브리핑 룸에서 큰소리치는 대변인도 나뿐이었다.

그런데 왜 민주노동당의 지지율은 오르지 않고 다른 정당의 지지율도 크게 달라지지 않았을까? 모든 국민이 이 광풍에 사로잡혀 자유롭지 않아서였을까? 다들 고개 숙이고 있는데 혼자 잘난 척하는 것으로 보였던 걸까? 한국 정치가 정책과 무관한 게임의 규칙에 따라 굴러가기 때문일까? 혹시 어렵게 마련한 잔치를 즐겨야 할 시간에, 당이 또다시 양쪽으로 갈려 정파 대립을 일삼느라 준비된 잔칫상을 걷어찬 것은 아닐까?

답은 간단하지 않을 것이다. 대단한 일을 해냈으니 국민들도 알아주리라고 생각했지만 민주노동당의 지지율은 완만한 하향 곡선을 그릴 뿐이었다.

좋은 일이 두 번 겹쳐 일어나기란 참 어렵다는 것이야말로 짧은 세상살이에서 얻은 경험 중 하나이지만, 어떤 사안에 대한 정당의 태도와 지지율의 상관관계는 상상 이상으로 복잡한 모양이다.

밥값의 정치학과
진보 대변인실의 헝그리 정신

강재섭, "조철봉 요즘 왜 한 번도 안 해?"

2007년 1월 4일 점심 식사 시간이 끝난 뒤 국회 브리핑룸이 한바탕 소란스러워졌다. 최연희 의원의 여기자 성추행 사건 이후 연일 계속되던 한나라당의 성추문과 사회적 물의에 화룡점정이 될 만한 사건이 발생했다.

당시 강재섭 한나라당 대표의 '조철봉 발언'이다. 열린우리당과 『문화일보』 사이에 이른바 '강안남자' 논쟁이 한창인 때였다. 열린우리당이 『문화일보』에 연재되던 소설 "강안남자"의 음담패설류 표현이 도를 넘었다며 신문사에 전방위로 공격하고 있던 민감한 때이기도 했다.

사건의 전모는 이렇다. 강재섭 대표가 그날 신년 기자 간담회를 마친 뒤 출입 기자들과 오찬을 하며 음담패설 수준의 농담을 했다. 강 대표는 2006년 국정감사 당시 음란성 논란이 일었던 『문화일보』 연재소설 "강안남자"를 거론하며 "요즘 조철봉(주인공 이름)이 왜 그렇게 섹스를 안 해?"라고 기자들에게 묻고 "예전에는 하루에도 몇 번씩 하더니, 요즘은 한 번도 안 하더라."라며 "내가 오늘은 할까, 내일은 할까 봐도 절대 안 하더라니까."라고 농담을 던졌다.

옆자리 기자가 "여기자도 있는데 너무 강한 발언 아니냐."라며 슬쩍 제지했지만 "아니, 그래도 한 번은 해줘야 하는 것 아니야?"라며 "안 하면 흐물흐물 낙지 같아져."라고 말을 이어 나간 것이다.

지금 생각해 봐도 민망한 대화 내용이거니와 나름 정치판에서 잔뼈가 굵은 사람이 기자들을 앞에 두고 이런 소리를 한다는 것 자체가 이해되지 않지만 한나라당과 그 당 소속 의원들의 기본 인식을 잘 보여주는 '농담'(?)인 것은 분명했다.

강재섭, 아웃!

소식을 접하는 순간 민주노동당 대변인실의 식구들은 모두 외쳤다.

"강재섭, 아웃!"

다른 정당들이 날선 공격을 퍼부은 것은 물론, 한나라당의 인명진 윤리위원장조차 강 대표 스스로 책임져야 한다며 압박했을 만큼 분위기는 한나라당에 최악으로 돌아가고 있었다. 특히 민주노동당의 여성 부대변인들과 여성위원회는 "막을 수 없는 한나라당의 사필귀색", "스스로 어렵다면 우리가 성평등 교육을 해주마!"라는 명언을 남기며 강재섭 대표에게 송별사를 쏟아 냈다.

그런데 대변인과 부대변인이 모두 나서서 한 방씩 날리고 의기양양해하며 사태 전개를 지켜보고 있는데, 이게 웬일인가? 기사가 점점 작아지더니 그날 주요 기사에서 싹 빠졌고, 방송에서도 그저 해프닝처럼 정리되고 말았다.

관련 기사는 2~3일을 넘기지 못했다. 몇몇 진보 매체가 끝까지 문제를 물고 늘어졌지만 나중에 강재섭 대표가 나경원 대변인을 통해 '유감'이라고 발표한 입장 표명을 마지막으로 더는 뉴스가 되지 않았다. 사태가 진행되는 과정을 꼼꼼히 지켜보던 나는 어리둥절해졌다.

언론 사업에서 눈에 보이는 것과 보이지 않는 것

사건의 선정성과 충격에 비해 기사의 비중과 물량이 눈에 띄게 줄어든 이유에는 여러 가지가 있겠지만, 한 가지 사실에 주목할 필요가 있다.

사건이 발생한 오후 내내 한나라당 나경원 대변인이 국회 기자실에서 살다시피 하며 호소하고 다녔다는 것이다.

그 노력은 가상했지만 당시 나경원 대변인은 신참 대변인이었기 때문에 이 정도 크기의 사건을 단순히 대변인의 노력만으로 막아 낼 수는 없었다. 나경원 대변인이 수행한 '눈에 보이는' 노력 이외에 눈에 보이지 않는 무엇인가가 있었다.

이 사건으로 한나라당의 대언론 사업 인원과 그들의 역량을 다시 보게 되었다. 당시 한나라당에는 대변인실에만 10여 명의 실무 직원이 있었다. 대변인실뿐 아니라 대표실, 원내 대표실마다 언론 사업 담당자가 있다. 부대변인만 해도 당시 30여 명이었고, 계파 수장급의 주요 정치인은 별도의 언론 담당자를 두고 언론사 및 기자들과 관계를 만들어 갔다.

이들 중에는 10년이 넘게 언론 관련 업무만 보고 있는 사람도 있다. 10년이면 한 기자가 입사해 고생하고, 결혼하고, 아이 낳고, 베테랑 소리를 들을 때까지의 모든 인간사를 알고 지내며 서로 인사를 갖춰 가며 살아왔을 시간이다. 그런 관계가 소소한 일들에 적지 않은 영향을 미친다는 것쯤은 얼마든지 짐작할 수 있는 일이다. 관계된 사람들이 다가와서 "사건의 진상은 이렇다", "오해가 있으니 말을 들어 보라", "좀 봐줘라. 내가 요즘 죽을 맛이다."라고 말하면 그냥 외면할 수 없는 것이 사람이다.

당시 사건이 확대되는 것을 막고자 한나라당의 대언론 역량이 총동원되었음을 감안하면, 한나라당 대 열린우리당·민주노동당 연합 전선 사이의 대언론 사업 역량 싸움에서 한나라당이 승리했다고 볼 수 있다.

물론 당시 기자들과 언론사들이 한나라당의 '작업' 때문에 기삿거리를 그냥 놔주었다고 볼 수는 없다. 언론사 나름대로 기사의 가치를 판단하는 잣대가 작동했을 것이다. 하지만 한나라당에는 몸을 던져 기사화를 막을 인력과 능력이 있었고, 수시로 언론계에 막강한 영향력을 미쳤다는 것이 중요하다.

한나라당 내부의 언론 사업 라인업뿐 아니라, (언론계 내에서도 작동하던) 보이지 않는 막강한 언론 파워의 존재는 곧 드러났다. 2007년 대선 당시 이명박 대선 캠프의 진용이 발표되었을 때, 권영길 후보 대변인이었던 나는 전의를 상실하다시피 했다.

이명박 후보의 언론 캠프는 대한민국에 있는 모든 언론사의 사장급과 편집국장급 인사가 모조리 배치되어 있어서, 한국 언론계의 데스크를 고스란히 옮겨다 놓았다는 평가를 들을 정도였다. 캠프만으로도 방송사와 신문사를 하나씩 차리고도 남을 만한 엄청난 진용이었다.

이런 안팎의 역량이 있음에도 당 대표의 음담패설 발언 사건 정도를 틀어막지 못했다면 그게 더 이상했을 것이다.

'밥값'의 정치학?

인력뿐만이 아니다. 2006년 3월에 보도된, 열린우리당과 한나라당에서 지출한 기자 접대비를 다룬 『오마이뉴스』 탐사 보도를 접하고 나서 경악을 금치 못했다.

열린우리당과 한나라당이 1년 동안 각각 약 2억5,600만 원과 3억9,400만여 원을 기자단과 함께 먹는 밥값으로 지출했다는 것이다. 그중 대변인이 기자들과의 식대로 지출한 돈이 웬만한 서민 가정의 전체재산을 넘는 1억2천만 원(열린우리당)과 1억5천만 원(한나라당)가량이었다는 사실도 일반인들이 혀를 내두를 일이다.

당시 한나라당과 열린우리당 대변인의 월 판공비는 3백만 원으로 알려져 있었다. 민주노동당의 경우 대변인 판공비는커녕 활동비(월급)조차 '정무직'이라는 이유로 90만 원에 묶여 있었고, 대변인실의 1년 예산은 2006년 당시 고작 620만여 원이었다. 2007년에는 더욱 줄어 422만 원에 그쳤는데, 당시 대외협력실이 6,330만 원, 자주평화통일위원회가 2천만 원, 지방자치위원회가 2,412만 원인 것에 비하면 형편없이 적은 예산이다.

이 예산에는 1년에 두 번 있는 기자 간담회 비용, 당 지역 조직의 언론 사업을 교육하는 '언론 학교' 비용, 조직 사업 및 대변인실 직원 활동비가 모두 포함되어 있었다. 말 그대로 민주노동당의 언론 사업 전체

비용이, 보수 양당 대변인이 보름 동안 기자들과 나누는 밥값 정도에 불과했던 것이다. '헝그리 정신'이 부족해 불평을 늘어놓는 것이라고 한다면 할 말이 없지만, '헝그리'(hungry)가 아닌 '앵그리'(angry) 수준의 상황이었음은 분명했다.

진보 정치 진영처럼 홍보 전략과 대국민 이미지 전략이 부실하거나 단기적인 수준에 머무는 경우도 드물다. 장기적인 성장 전략을 세우기보다는 말 그대로 '그때그때 적절하게 대응'하는 수준에 그치고 있다.

정치 세력의 이미지는 평소에 형성되는 것이지, 특정 선거 기간에 집중한다고 해서 의도대로 만들어지지 않는다. 언론과의 관계 또한 오랜 기간 축적된 노력의 성과 위에 만들어진다.

짧게 보더라도 진보 정치 운동은 10년이 흘렀다. 지금은 누구도 언론 사업과 홍보 분야가 중요하다는 것을 부인하지 않는다. 하지만 돌이켜 보면 진보신당과 민주노동당은 당 차원에서 얼마나 대언론·대국민 홍보 전략에 힘썼을까? 재정과 인력이 부족하다는 핑계로 그저 실무자들이 이를 악물고 최선을 다해 줄 것을 일방적으로 요구했던 것은 아닐까?

지원이 부실하고 역량이 부족함에도 최대의 효과를 내줄 것을 기대하는 것에는 무리가 있다. 이순신이 선조에게 "신에게는 다행히 아직도 12척의 배가 있고, 신이 살아 있으니 적이 함부로 넘보지 못할 것입니다."라고 이야기한 것을 엄청난 충성과 헌신의 태도로 해석하곤 하지만, 나는 다르게 읽는다.

이순신은 선조에게 비아냥거린 것이다. '당신 멋대로 하다 보니 이런 꼴이 되었다. 어쩔래? 그나마 나라도 남아 있으니 다행인 줄 알아라.' 이런 심정이 아니었을까?

최저임금의 절반 수준밖에 되지 않는 임금을 받는 대변인과 부대변인, 그리고 한두 명의 언론 사업 초년생들을 대변인실에 배치하고 "보수정당의 적들과 과감히 맞서 싸우고 모든 언론사와 기자들을 승복시켜라."라고만 하면 어떻게 버텨 낼 수 있겠는가?

언론사와 재벌이 우리 진영의 주요 인사들에 대해 훤히 꿰고 있듯, 우리도 그쪽 사람들을 잘 알 수 있도록 인재를 양성하고 전문성을 보장하려고 노력해야 한다. 언론 사업이야말로 주먹구구로 해서는 안 되는, 가장 민감하고 전문적인 일이라는 발상의 전환이 필요하다.

핵실험 후폭풍에 휩싸인 평양에 가다

2006년 10월 31일부터 11월 4일까지 진행된 민주노동당의 평양 방문은 당 내외에 많은 논란이 있었음에도 탁월한 선택이었다. 그때 평양행을 강행하지 않았다면 민주노동당은 북핵 실험 이후 조성된 반북 정세에 굴복한 '진보 정당'이 되었을 테고, (한나라당이 주도한) 전쟁을 불사하고 대결을 무릅쓰겠다는 분위기에 저항하지도 않는 '평화 정당'이 되었을 것이다. 또한 평양 방문을 포기했더라면 얼마 뒤에 조성된 역사적인 북·미 간 대타협 과정에서 아무것도 하지 못한 몰역사적인 '노동자 정당'으로 기록되었을 것이다.

당내의 반대도 많았지만, 한나라당과 극우 언론의 방해는 끈질겼다. 그들은 (당시 벌어진 이른바 '일심회' 사건을 두고) 방북단에 간첩이 포함되어 있으면 어떻게 하느냐는 등의 막말을 하기도 했다.

당사 앞과 인천공항에는 방북을 반대하는 단체들의 고함이 우렁찼고 인터넷 게시판에서도 "가면 돌아오지 말라."는 비난이 계속되었다. 하지만 그때 민주노동당은 꿋꿋하게 제 갈 길을 갔다. 이미 정부 간 대화가 중단되었음은 물론, 6자회담도 공전을 거듭하던 때였다. 민주노동당만이 초청되었고, 민주노동당만이 가서 무엇이든 말하고 듣고 올 수 있는 상황이었다. 평양 방문을 결행하는 것은 당연했다.

그다지 대단한 성과가 없었다고 의미를 깎아내릴 수도 있겠지만, 돌이켜 보면 그때 방문한 것 자체가 성과였고 대단한 일이었다. 중단된 대화의 물꼬를 텄다는 자평이 자화자찬으로 들릴지 모르지만, 그때는 아무도 그 일을 하지 못했고 그럴 엄두도 내지 못했다.

평양, "서울로 돌아가라"

출발하기에 앞서 10월 30일자로 발표한 문성현 대표의 '출국 성명'은 지금 봐도 좋은 글이다. 당시 상황을 잘 정리했고 우리의 의지와 목적이 분명하게 담겼기 때문이다. 그럼에도 그 성명서는 북쪽에서 논란을 일으키는 빌미가 되었다고 한다(출국 성명은 내가 쓰고 도착 성명은 자주통일위원회가 썼는데, 눈치 빠른 사람은 알아챘겠지만 나름 적절하게 역할을 배분한 것이다).

출국 성명서에서도 '미국의 우선 책임론', '한나라당 등 전쟁 불사주의자들에 대한 비판', '평화 정당으로서의 자기 책임', '방북의 정당성' 등을 우선 설명하고 있다. 다만 북측이 문제를 제기한 것은 이런 대목들이었다.

핵문제와 관련한 국민 여러분의 우려와 비판을 북측에 가감 없이 그대로 전달하겠습니다.

북한의 추가적인 핵실험은 강력하게 반대할 것입니다.

핵무장 해제를 위해 설득하고 또 설득하겠습니다.

남북 당국 간 대화의 복원을 주장하겠습니다.

한반도 평화를 위한 남북 공동의 노력에 대한 북측의 성의 있는 태도를 촉구하겠습니다.

평화 교류와 화해 협력의 깊은 물꼬를 열고 돌아오겠습니다.

북측에서 오갔던 논란은 우리가 상상한 것 이상이었다고 한다. 입북하기 위해 베이징에서 하루 머무르고 있던 대표단을 당장 서울로 돌려보내야 한다는 이야기가 나올 정도였다고 전해 들었다.

성명서의 대표 집필은 대변인이 하지만 여러 단계를 거쳐 검토된다. 당연히 이런 표현이 북을 자극할 것이라는 지적이 있었지만, 남쪽 국민들에게 우리의 방북 목적과 평화 정당으로서의 역할을 제대로 설명하기 위한 성명서임을 모두가 수긍했기 때문에 발표될 수 있었다.

하마터면 북핵 실험 이후 벌어진 난리 통을 헤치고 떠난 '최초의 규모 있는 역사적 방북 길'이 내가 쓴 성명서 탓에 베이징에서 막힐 뻔했던 셈이다.

"겉만 빨간지 속도 빨간지는 봐야 알디요"

그 때문이었을까? 평양에 도착한 이후 북측 인사들은 종종 내게 "공화국에 대해 잘 리해하고 써주시라."는 당부와 훈계를 남기곤 했다. 그들의 이야기로는 평양에서도 내 얼굴은 잘 알려진 편이라고 했다. 남쪽 소식을 전하는 남쪽 보도가 조선중앙TV를 통해 평양 시민들에게 전해질 때 민주노동당의 입장과 동향이 빠지지 않고 포함되는데, 그때 대변인의 얼굴이나 목소리가 전달되는 모양이었다.

당연한 일이지만 북측은 사전에 우리 측 방문단의 면면을 대략 파악하고 있던 것 같았다. 그리고 이미 양측 간 교류 속에서 구면인 경우도 많았다. 평양 순안공항에 내리자 조선사회민주당(이하 '조선사민당') 측에서 우리를 환대했고, 입국 수속을 밟는 와중에도 서로 아는 사람들끼리 이야기를 나누느라 분주했다.

그러나 첫 방문이고 실무단 협상에도 포함되지 않았던 나로서는 아는 사람이 없어 머쓱했다. 그렇다고 순안공항 로비에 덩그러니 혼자 있기도 민망했다. 마침 방석수 기획실장이 북측 관계자와 이야기를 나누는 모습이 눈에 띄어 인사라도 나눌 요량으로 다가섰다.

방석수 실장이 이야기를 나누던 상대는 조선사민당의 유력 인사라는 백도남 조직부장이었다. 알이 큰 옅은 색 선글라스를 낀 그의 마른 얼굴에는 치밀함과 주도면밀함이 묻어났다. 방 실장이 그에게 나를 소개했다.

"잘 압니다."

백도남 부장은 짧게 대답했다. 그다지 반가워하지 않는 눈치였다. 뭔가 썰렁한 느낌이 들어서였는지, 방 실장이 내가 내미는 빨간색 명함을 소재로 농담을 던졌다.

"박용진 동지는 우리 당에서 제일 빨갱이입니다. 어찌나 투철한지 명함도 빨간색이잖아요."

그러나 백도남 부장은 안경을 추켜올리면서 명함을 앞뒤로 훑어보고 고개를 들어 나를 쳐다보더니 낮은 목소리로 말했다.

"겉만 빨간지, 속도 빨간지는 앞으로 봐야 알디요……"

농담을 업어치기 해 송곳자리에 내려놓은 것인지, 그 나름의 농담이었는지는 여전히 모르겠지만 당황스러웠다. 두어 건의 성명과 논평 때문에 북측이 박용진에게 섭섭해할 것이라며, 올라가면 단단히 정신 교화를 당할지 모른다고 했던 당내 자주파 당직자들의 농담이 생각났다.

나도 멋지게 응수했어야 했는데 고작 이런 말만 하고 말았다.

"아이고…… . 대변인이라고 어디 다 자기 마음대로 쓸 수 있나요."

현장에서 당황한 내 표정을 본 방석수 실장은 웃음을 참지 못했다.

조선의 비아그라, '청춘'

북측 방문 일정은 우리 쪽의 입장을 많이 배려해 짜였다. 처음에 포함되어 있었던 신천 학살 만행 기념관 방문 등 민감한 일정을 조정해 달라고 요청하자 북측은 그렇게 하겠다고 했다. 남쪽의 민감한 분위기와 온갖 어려움을 뚫고 북에 온 민주노동당 대표단을 배려하고 있다는 느낌이었다.

여러 방문지 가운데 정성제약주식회사가 기억에 남는다. 남쪽의 녹십자와 합작해 세운 제약회사로, 그 의미가 깊은 곳이다. 또한 안내를 맡은 담당자가, 이 제약회사에서 많은 약을 생산하며 이익을 내고 있다고 자랑스럽게 말하는 모습도 깊은 인상을 주었다.

방문을 마치고 버스에 올라타는 우리에게 정성제약회사에서 하나씩 건네준 작은 쇼핑백에는 회사 홍보 책자와 작은 약품 한두 개가 들어 있었다. 그중에서도 회사 측이 '조선의 비아그라'라며 약효를 과시

했던 '청춘'이라는 약도 있었다. 이름에서도 느껴지지만, 철재 포장재에도 원앙새 한 쌍이 예쁘게 그려져 그 약의 효용을 훤히 짐작할 수 있었다.

보통 북에서 받은 선물은 필요한 사람에게 몰아주는 분위기였는데 이 약만은 그렇지 않았다. 오히려 "젊은이들에게 이 약이 무슨 필요가 있단 말인가?"라며 장유유서 정신을 발휘하라고 젊은 실무진에 농담을 던진 노회찬 의원과 권영길·문성현 두 대표의 은근한 눈빛마저 외면할 정도로 강력한 반발이 있었다. 한편, 이 '조선의 비아그라'가 남쪽 방문단에게도 확실한 약효를 발휘하고 있다는 사실은 방북 이후 한 방북단 실무진의 호평을 통해 잘 알 수 있다.

"이 '청춘'이라는 약을 통해서 우리는 우리 민족이 힘을 합치면 얼마나 훌륭한 일을 해낼 수 있는가를 다시 한 번 느낄 수 있다. 남과 북이 하나가 되어 '미제'보다 더 뛰어난 제품을 만들 수 있다는 사실에서 우리는 남북 교류의 계속된 확대·강화가 얼마나 필요한지 확신할 수 있는 것이다."

김영대는 왜 화를 냈을까

평양 방문 이틀째인 11월 1일 오전, 민주노동당 대표단은 조선사민당 대표단과 공식 회담을 진행했다. 그런데 이날 회담에서 뜻밖의 일이 벌어졌다. 문성현 당 대표가 회담 공식 제안문을 발표하는 중에 김영대 조선사민당 위원장이 갑자기 긴급 발언을 했던 것이다. 공식 회담 제안문 중 핵실험에 대한 유감 표현을 지적한 것이었다.

"핵실험에 대해 유감을 표명하는 것은 있을 수 없는 얘기다. 핵실험은 북·미 대결에서 나온 것이다. 다른 곳을 겨냥하지 않는다."

회담장 분위기는 순식간에 얼어붙었다. 짧은 순간이었지만 양측 모두 무거운 침묵이 감돌았다. 돌발 상황이 발생하자 모두 당황했다. 상대편 대표가 공식 회담문을 낭독하고 있는 도중에 이런 식으로 문제를 제기하는 것 자체가 엄청난 외교적 '결례'였거니와, 사실상 회담이 필요하지 않으니 돌아가라는 식으로 해석할 수도 있었기 때문이다.

냉각된 분위기를 녹인 것은 권영길이었다.

"그래서 토론하자는 것 아니겠나. 제안문은 끝까지 다 들어보시라."

별 내용 없는 발언이었음에도 권영길 특유의 '어눌한 다독 화법'이 통했다. 북측은 아무런 반응 없이 회담 제안문을 끝까지 다 듣고 김영대 위원장의 공식 회담문도 낭독되었다.

노회찬 의원이 "당사 앞에 우리를 막아선 시위대를 뚫고 왔다. 우리도 쉽게 온 것은 아니라는 점을 헤아려야 한다."라며 문성현 대표의 발언 도중 벌어진 돌발 상황에 대해 어필하기도 했지만, 회담 분위기는 오히려 차츰 풀렸다. 금강산 사업, 개성공단 사업을 계속 이어 가려는 의지와, 6자회담에 복귀해 회담이 순조롭게 진행되기를 바란다는 점까지 양쪽의 의견이 계속 일치되었다. 김영대 위원장은 회담 말미에는 농담까지 곁들였다.

"민주노동당이 우리의 핵실험에 대해 유감을 표명했는데, 그렇다면 우리도 (유감을 표명했다는 점에 대해) 유감이다."

회담장에는 양쪽 실무단이 웃음을 참느라 쿡쿡거리는 소리에 이어 양측 대표단의 화기애애한 미소까지 번졌다. 회담은 그렇게 마무리되었다.

이날 회담을 두고 남쪽에서는 일부 보수 언론이 "왜 웃었느냐"며 시비성 기사가 올랐던 모양이지만, 현장에 기자들이 있었다면 "회담 파행 위기 넘겨"라는 기사가 나갔을 것이다. 그리고 웃자고 회담하지 멱살 잡자고 회담하러 간 것이 아니었다는 사실을 그들은 일부러 왜곡하고 있었다.

김영대 위원장이 화를 내며 돌발 발언을 한 것 말고는 회담과 방북 일정에는 아무런 문제가 없었다. 회담장에서도 그랬고, 그날 오후 일정에서도 마찬가지였다. 그렇다면 김영대 위원장은 왜 화를 냈을까?

"북핵 실험에 강한 유감과 깊은 우려"를 표현한 민주노동당의 공식 입장에 북 최고위층이 불쾌해했고, 북한 내부에서도 출발 성명에 대한 반발이 있었음을 고려해 볼 때 초청 당사자인 조선사민당과 김영대 위원장으로서는 처지가 몹시 곤란했을 것이다.

외교적 결례를 무릅쓰고 당 대표의 발언 도중 화를 내고 반박하는 것으로 자신들의 부담을 덜고자 했을 가능성이 있다. 따라서 우리는 우리의 입장을 북의 강한 반발에도 불구하고 가감 없이 전달했고, 조선사민당 측은 민주노동당의 입장에 강하게 반발하는 모습을 보임으로써 내부적으로 충분한 메시지를 전달할 수 있었던 것이다.

정치적으로 계산된 외교적 결례였으리라고 짐작한다. 어쨌든 김영대 위원장의 그 발언 뒤 몇 초간의 침묵이 어찌나 길게 느껴졌던지, 지금도 그 순간을 생각하면 그때의 당혹감이 떠올라 마른침을 삼키고는 한다.

만경대보다는 단고기가 더 기억에 남았는데

만경대에 방문한 사실이 서울에서 논란이 되고 있다는 소식은 베이징에 있는 『연합뉴스』 특파원과 전화 통화를 하면서 알게 된 듯하다. 왜 만경대 방문을 브리핑에서 제외했느냐는 것이 논란의 핵심이었다.

만경대는 고(故) 김일성 주석의 생가로, 북에서는 일종의 주요 방문지이자 사실상 관광지다. 당국에서 정해 놓은 이른바 방문 불허 지역에도 포함되지 않은 곳인데, 강정구 교수의 '만경대 사건' 이후 그곳이 뭔가 대단한 곳인 양 여겨지던 때라, 일일 브리핑에서 방문 일정을 뺀 것이 문제가 되었다고 한다.

처음에는 별것 가지고 다 시비라며 웃고 넘겼다. 아니, 그럼 평양에 와서 개고기를 먹은 것도 브리핑을 해야 한다는 것이냐며 웃기도 했다. 평양 방문 도중 점심 식사를 하기 위해 들른, 정부 당국이 직접 운영한다는 '평양단고기(개고기)집'의 음식 맛은 빼어났다. 서울 시민들에게 꼭 필요한 정보가 있었다면, 만경대 방문보다는 단고기 맛이었으리라고 생각한다.

그런데 막상 북으로 돌아가라고 계란을 투척해 대는 우익 데모단의 요란한 환영 행사를 받으며 인천공항에 들어섰을 때, 서울에 남아 나를 대신해 대변인 역할을 하던 정호진 부대변인의 얼굴을 보고는 분위기가 심각하다는 것을 느꼈다.

한나라당 대 민주노동당의 '만경대 전쟁'

내게 인천공항 귀빈실에서 진행될 '도착 기자 간담회'가 준비되는 상황과, 그동안 있었던 일을 간략히 보고하는 정호진 부대변인의 얼굴을 보니 피곤함이 여실히 드러났다. 겨우 일주일 만에 살이 쏙 빠졌다는 느낌을 받았다. 그가 겪었을 한나라당의 파상 공세가 짐작되었다.

기자 간담회에 나올 예상 질문을 추려 주던 그는 긴 한숨을 내쉬며,

우리가 일방적으로 당하는 분위기였다고 말해 주었다. 사실대로 중요한 일정이 아니라 브리핑에서 뺐다고 말해서 해결될 단계가 아님을 직감했다. 공격이 최선의 방어라는 격언을 떠올렸다. 이번 기회에, 걸핏하면 색깔론을 들이대는 한나라당의 못된 버릇을 고쳐 줄 방법을 찾아야 했다.

"박근혜 의원, 주체사상탑에 다녀왔다면서?"

도착한 다음 날 나는 "박근혜 전 대표, 만경대와 주체사상탑에 다녀왔나?"라는 제목의 논평을 발표하면서 한나라당에 대한 반격에 나섰다. 한나라당과 민주노동당의 공수(攻守) 역할이 바뀌는 신호탄이었다.

박근혜 대표는 2002년 북의 김정일 위원장이 초청해 평양을 방문하고 김 위원장과 환담을 나누는 등 공식 일정을 소화한 뒤 판문점을 통해 귀국했다. 당시 박근혜 대표는 (한나라당을 탈당하고 미래연합이라는 신당의 대표로 있었기 때문에) 정치적 비중은 적을 때였지만 박정희와 김일성의 자녀가 만난다는 사실만으로도 세간의 관심을 끌었다.

대변인실에서는 일단 그때를 떠올렸다. 평양을 방문한 사람이라면 누구나 한 번쯤 가보는 곳이 바로 만경대다. 박근혜 전 대표가 그곳에 가지 않았을 리 없다고 확신한 우리는 그의 평양 방문과 관련된 기사와 보도 등을 모두 뒤지기 시작했다. 대표단의 평양 방문이 진행되는 동안 이영순 원내 공보 부대표가 이미 박근혜 대표의 만경대 방문 의혹을 제기했지만, 좀 더 분명한 팩트를 가지고 단호한 정치적 태도를 보여야 했기 때문이다.

당시 황선 부대변인의 자신만만한 태도도 믿음직했다. 그가 누구인가? 한총련의 대표로 방북해 꽤 오랜 기간 평양에 머물렀으며 그 뒤 6·15 선언 이후 평양 방문 길에 아이를 낳아 화제를 낳았던 인물이다. 우리 가운데 가장 뛰어난 '평양통'인 만큼 북의 분위기와 상황을 잘 알았다. 황선 부대변인은 조금의 의심도 없이 박근혜는 확실히 만경대에 갔을 것이라고 판단했다. 성과는 금방 나왔다. 박 전 대표가 방북과 관련해 『연합뉴스』와 인터뷰를 했고 이 인터뷰를 바탕으로 기사가 작성된 기록을 찾은 것이다. 만세를 불렀다. 한나라당은 이제 자신이 파놓은 '색깔론의 똥구덩이'에 전직 당 대표를 밀어 넣은 셈이 된 것이다.

오찬 뒤 '평양 8경' 중 2경이 있는 모란봉과 김일성 주석 생가가 있는 만경대 관광길에 나섰다. 비는 계속 오고 있었다. 학생소년궁전도 관람했는데 어린 이들이 많이 나와 환영했다(박근혜의 평양 방문기 구술 인터뷰 일부).

이 기록은 한나라당을 궁지로 몰아넣을 수 있는 최상의 카드였다.

당황한 한나라당, 색깔론에서 발을 빼다

하지만 대변인실에서는 신중하게 대응하기로 했다. 너희도 갔으면서 왜 그러느냐는 식으로 접근하면, 마치 가서는 안 될 곳에 모두가 다녀온 셈이니 없었던 일로 하자는 격이 될 수 있었기 때문이다. 문제될 것이 없는 방문을 문제 삼는 잘못된 색깔론과 한나라당의 태도를 분명히 지적해야 했다.

민주노동당의 방북과 관련해 '반북 정서'에 불을 지르고 신나 했던 한나라당을 곤경에 몰아넣고, 우리는 코너에서 빠져나오는 것이 반격의 핵심이었다.

첫 논평이 나간 뒤 의도했던 대로 한나라당은 크게 당황하기 시작했다. 한나라당 내 최대 인물인 박근혜가, 자신들이 뿌린 '빨간 페인트'를 뒤집어쓰게 생겼기 때문이다. 언론의 관심도 급속히 옮겨 갔다. 박근혜 대표 측이 만경대 방문을 부인할수록 언론은 더 관심을 기울였고, 마침내 전세는 뒤집혔다.

한나라당은 당황한 나머지 침묵으로 일관했다. 한나라당 대변인과 수석부대변인, 통외통위(통일외교통상위원회) 국회의원 등이 갑자기 쥐 죽은 듯 조용해졌다. 그들은 한편으로는 그만 멈추자고 제안했고, 다른 한편으로는 법적 대응을 호언하며 나를 고발하겠다고 엄포를 놓았다. 우리는 공격의 고삐를 늦추지 않았다. 한나라당의 색깔론은 의외의 허를 찔리는 순간 '속수무책'이 되었다.

꼬리 내린 색깔론 저격수들

한나라당은 세간의 관심을 만경대 사건으로부터 일심회 사건, 모 당원의 밀입북 사건 등으로 옮기려 했지만, 우리는 더 나아가 당시 원내 대표였던 김형오 현 국회의장과 당시 사무총장이었던 황우여 의원이 평양은 물론 만경대까지 방문한 사실을 공개하면서 압박 수위를 높여 갔다. 심지어 황우여 사무총장은 색깔론 공세에 앞장서 있기도 했다.

6·15 이후 남북 관계가 급진전되면서 교류와 화해의 분위기가 조성되자 뒤늦게 사진 한 장이라도 남겨 놓으려 행사에 얼굴을 내밀기 바빴던 행보가, 한나라당의 본질과 충돌하는 순간이었다.

뜻밖에 역공의 대상이 된 박근혜 전 대표는 인터넷 기자 간담회에서 이와 관련된 질문이 쏟아지자 당황한 기색을 드러내며 해서는 안 될 비유를 들었다. 그는 만경대 방문 사실은 부인했지만 우리가 추가로 밝혀 낸 '주체사상탑' 방문 사실에 대해서는 "주체사상탑은 63빌딩 같은 관광지이고 전망대다."라고 한 것이다.

그렇다면 북측이 "김일성 주석과 주체사상의 불멸의 업적을 기념하기 위해 세운 주체사상탑"이 단순한 전망대라면, 용인 민속촌에서 볼 수 있을 법한 초가를 방문한 것을 두고 난리를 치는 한나라당은 무엇이 되는가?

박근혜가 당황하고 색깔론 공격수들도 꼬리를 감추려 하자 한나라당은 '만경대 전면전'에서 퇴각했다. 민주노동당은 오히려 최고위원들까지 전면에 나서서 한나라당을 공격하며 유리한 분위기를 조성했고, 평양 방문 이후 보름 만에 개성공단을 방문하면서 '평화 정당'의 메시지를 구축했다. 논란이 있었음에도 '만경대 전쟁'에서 승리했기 때문에 가능했던 대북 관련 행보였다.

'만경대 전쟁' 승리로 평양에 이어 개성까지 방문

만일 만경대 방문이 논란이 되었을 때 속수무책으로 당하기만 했다면, 한나라당이 바란 대로 평양 방문의 성과가 눈 녹듯 사라져 개성 방문 일정도 좌절될 수 있었다.

새삼 느끼지만, '만경대 전쟁'에서 승리할 수 있었던 것은 엄청난 분량의 기사를 검색하고, 한나라당 의원들의 블로그나 미니홈피에 올라온 글까지 뒤지느라 고생한 대변인실 사람들 덕분이었다.

늘 어려운 조건에서 최선을 다했지만, 지금보다 더 어려웠던 당시에 함께 국면을 돌파해 준 정호진·황선 두 대변인과 부성현 동지에게 이

자리를 빌려 새삼 감사를 전한다. 지금 인터넷 포털 서비스에서 '만경대, 민주노동당'을 검색해 보시라. 그때 이들의 노고가 어떻게 국면을 시시각각 변화시켰는지 한눈에 읽을 수 있다.

최연희 의원 성추행 사건

"선생님, 진도 나가시죠"

고등학교 때 이런 친구가 있었다. 공부는 잘한다. 늘 반듯하고, 학생으로서 본분을 잃지 않는다. 언제나 바른말만 한다. 지적을 해도 사리에 어긋나는 것이 없다. 그런데 아이들에게 인기는 없었다. 왜일까?

　예를 들면 이렇다. 민주노총 위원장을 지낸 이수호 선생님은 고등학교 당시 우리 국어 선생님이셨다. 솔직히 이수호 선생님은 시험에 나오는 문제를 기막히게 잘 찍어 주거나, 고득점에 맞는 수업을 진행하는 '학력 향상형 선생'은 결코 아니었다. 하지만 아이들도 선생님이 수업 시간에 해주는 세상 돌아가는 이야기, 시사적인 말들에 귀를 기울이며 잘 따랐다. 그런데 그 인기 없는 친구가, 선생님이 세상 이야기를 할라 치면 손을 들고 말하는 거다.

"선생님, 진도 나가시죠."

그렇지. 진도 나가야지. 학생은 공부가 우선이고, 수업 시간에는 공부를 해야겠지……. 틀린 말이 아닌데, 왜 그렇게 그 아이의 지적이 얄미웠을까? 그 아이는 지금도 우리 동기 모임에 나오지 않는다. 아무도 연락하지 않는 모양이다.

대변인을 지내면서 민주노동당이 국민들에게 어떤 이미지로 비쳐졌는지, 국민들이 진보 정치 세력을 보며 갖는 태도는 무엇인지를 유심히 관찰했다. 안타깝게도 우리에게는 진도 나가자고 말하던 인기 없는 학생 같은 이미지가 있었다. 틀린 말을 하지 않는다. 비판의 목소리는 늘 단호하고 원칙에서 한 발짝도 물러서지 않는다. 사람들은 생각한다.

'세상에 저런 세력은 꼭 있어야 한다. 그런데 나와 친해지는 것은 싫다. 박수는 칠 수 있어도 지지는 할 수 없고, 내가 지지하는 정당이기는 해도 집권하지 않아야 할 세력이다. 저 사람들이 대통령을 하거나 집권 여당이 되면 온 국민이 피곤해질 것이다.'

최연희 의원 성폭력 사건 또한, 황우석 사건과 마찬가지로, 진보 정치 세력이 왜 필요한지를 세상에 제대로 보여 준 계기였다. 끈질기게 사안을 물고 늘어져 원칙적이고 비판적인 태도로 굳세게 행동하고 발언한 사안이었다.

하지만 해당 국면에서는 우리가 주목을 받고 박수를 받았을지라도, 장기적으로는 비판과 비난만 하고, 남의 문제를 지적하기 좋아하는 정당처럼 인식되어 버렸다. 절제의 미덕을 찾아보기 어렵다는 인상을 국민들에게 준 것은 아닐까 싶다.

어떻게 하면 '진보 정치'가 바른말만 잘하는 것이 아니라, 공부도 잘하고, 운동도 잘하고, 아이들과 잘 어울려 놀면서 인기 좋은 친구가 될 수 있을지는 언제나 내게 큰 숙제다.

'폭탄주가 문제'라던 보수 정치권

사건은 공교롭게도 은밀한 만남에서 벌어졌다. 박근혜 한나라당 대표를 비롯한 한나라당의 지도부와 『동아일보』의 데스크 및 정치부 기자들이 '흥겹게 어울리는' 자리에서 불상사가 생긴 것이다. 사실 각 당 대표단 혹은 대변인이 언론사 데스크나 기자들과 술자리를 갖는 일은 흔하지만, 이런 식의 접촉이 주는 부정적인 결과에 대한 비판과 우려의 목소리도 정치권과 언론계에서 점점 커지고 있다.

한 사람당 식대가 수십만 원이나 하는 고급 한정식 집에서 식사를 하고 폭탄주를 돌린 이들은 그 한정식 집에 마련된 노래방으로 옮겨 가서 '2차'를 했다. 술에 취한 최연희 의원은 『동아일보』 국회 출입 기자의 가슴을 더듬었고, 피해를 입은 기자는 즉각 항의하며 그 자리를 박차고 나왔다. 피해 기자는 이 문제를 덮어 두지 않았다. 이미 현장에서 문제를 제기했으며 이후에도 이를 공론화할 것을 요구했다.

이 사건에 대한 보수 정치권의 첫 대응은 경악스러웠다. 열린우리당 소속 한광원 의원은 "꽃을 보면 만지고 싶은 것이 자연의 순리"라고 표현해, 최연희 사건으로 한나라당을 신나게 두들기던 자기 당의 뒤통수를 날리는가 하면, 앞서 말했듯이 한나라당 박진 의원은 폭탄주가 원수라며 국회 브리핑룸에서 폭탄주가 담긴 유리잔을 망치로 깨는 활극을 벌여 온 나라 애주가들의 폭소를 자아냈다.

민주노동당이 없었다면 흐지부지 끝났을 사건

보수 정치권은 겉으로만 원칙적으로 대응하겠다고 하며 최연희 의원의 잘못에 목소리를 높이는 척했다. 게다가 최연희 의원이 평상시에는 점잖은 사람이라는 식으로 두둔하는 분위기가 감지되었다. 잘못된 음주 문화에 희생되었다며 애꿎은 술을 희생양 삼으려는 태도를 보이기도 했다.

한나라당은 최연희 의원의 당직 해제와 탈당 조치로 할 일을 다했다며 사태가 진정되기만을 기다리고 있었다. 아마 민주노동당이 없었다면 최연희 의원은 다른 국회의원들을 둘러싼 추문이 대부분 그랬듯이 흐지부지되었을 것이다. 하지만 최연희 의원은 결국 국회에서 '최연희 의원 사퇴 촉구 결의안'이 가결되는 역사의 주인공이 되었다. 비록 강제력은 없었지만 국회의원들에게 정치적 제명과 다름없는 '사망 선고'를 동료 국회의원들이 발표한 것이다. 민주노동당이 수개월 동안 끈질기게 물고 늘어지지 않았다면 불가능했을 일이었다.

국회에 귀신이 산다?

최연희 의원 사건의 하이라이트는 국회에서 최초로 벌어진 의원직 사퇴 촉구 결의안을 둘러싼 투표 결과였다. 민주노동당은 동료 의식과 남성 우월주의에 젖어 있는 국회의원들의 반대표를 우려해 이름을 밝히는 기명투표를 할 것을 줄기차게 주장했다. 그러나 받아들여지지 않았다. 인사 문제에 대한 표결은 무기명 비밀투표로 처리된 것이 전례라는 이유에서였다.

결국 결의안이 통과되기는 했지만, 우려한 대로 엄청난 수의 반대표가 나왔다. 한나라당은 물론 열린우리당에서도 반대표가 쏟아져 나왔던 것이다. 그러자 여론의 비판을 의식한 한나라당과 열린우리당은 그 반대표가 모두 상대편에서 나왔다며 책임을 떠넘기기 시작했다.

이때 나온 논평이 김성희 부대변인의 "국회에 귀신이 산다?"였다. "반대표는 나왔는데 찍었다는 사람은 없으니 귀신이 투표했다는 말이냐?" "양당 지도부는 표결 내용을 공개해 국회에 사는 귀신을 잡는 데 협조해야 한다."라는 김 부대변인의 일침은 국민들의 마음을 후련하게 했다. 겨우 10석의 정당이 여론의 지지를 등에 업고 토끼몰이 하듯 거대 보수 양당을 표결까지 몰고 간, 전무후무한 사건의 대미를 장식하는 일이었다.

최연희는 여전히 국회의원이다

앞서 이야기했듯이 최연희 의원의 성추행 사건은 민주노동당의 존재이유를 더욱 빛나게 하는 계기가 되었다. 민주노동당은 국회의원의 부도덕한 행위를 끝까지 물고 늘어지면서 응징하는 등 일정한 정치적 성과도 보였고 많은 찬사도 받았다.

하지만 민주노동당의 정치적 지지세는 완만한 하향 국면에 있었고 최연희 사건에서 얻게 될 정치적 반사 이익은 사실상 미미했다. 정치세력의 존재이유는, 비판에만 머물지 않고 새로운 대안과 정책을 제시하는 데 있다는 점을 다시 한 번 깨닫게 되었다.

민주노동당이 원내 진출에 성공할 수 있게 한 부유세, 무상 의료, 무상교육 실현이라는 약속에 대한 실천이 지지부진한 상태에서, 다른 당의 실수와 헛발질이 우리에 대한 지지로 넘어올 수 있다고 생각하는 것은 순진한 태도다.

문성현 대표는 당시 피해 여기자가 사건 고발 이후 처음으로 국회 기자실에 출근하던 날, 『동아일보』 기자 부스에 커다란 격려의 꽃바구니를 보냈다. 이 일은 두고두고 국회 출입 기자들 사이에서 아름다운 일로 회자되었다.

민주노동당은 『동아일보』가 사태를 수습하는 차원에서 해당 기자의 근무지를 다른 곳으로 옮기려 한다는 소식을 접하고, "국회를 떠나야 할 사람은 기자가 아닌 최연희"라고 공식 논평을 발표했다. 그리고 『동아일보』 데스크 쪽에 근무지 변경은 또 다른 문제를 낳을 것이라고 압력을 가했다. 해당 여기자는 나중에 이 일을 두고 가장 든든하고 고마운 일이었다며 감사의 뜻을 전해 오기도 했다.

대한민국을 떠들썩하게 한 최연희 사건은 최 의원에 대한 사퇴 촉구 결의안이 가결되는 것으로 마무리되었지만, 그가 18대 총선에 다시 당선되면서 결의안은 사실상 휴지조각이 되었고 진보 정치 세력에도 숙제를 남겼다. 하지만 이 일로 인해 대한민국 전체가 깊은 고민을 하지 않을 수 없었다는 점에서, 피해 기자의 용기가 우리 사회에 많은 변화를 가져왔다는 사실을 새삼 떠올리게 된다.

5장

유럽에서 만난 진보

: 파리와 오슬로, 빛과 그림자

"왜 당신이야?"

아내가 던진 이 한마디는, 2007년 민주노동당 대선 후보 당내 경선 때 권영길을 지지해 노회찬을 떨어뜨리는 데 일조한 박용진이 뭐가 예쁘 다고 유럽 여행에 데려가느냐는 이야기였다. 나도 이 부분에 대한 노회 찬 대표의 입장이 궁금했지만 내 짐작이 맞을까 봐 직접 물어보지는 않 았다. 내가 속으로 헤아리는 이유를 정작 노 대표에게 들으면 마음이 상할 것 같고, 미화해서 듣자니 서로 민망해질 것이 뻔했기 때문이다.

처음 내게 유럽 일정을 이야기하고 같이 갈 것을 제안한 노회찬 대 표는 '인사치레'로 한 말이었을 것이다. 2008년 9월쯤, 지방선거 기획

단인 '2010지방선거특별위원회' 회의가 끝난 뒤 개인적인 환담을 나누고 있었다. 요즘 어떻게 지내느냐는 물음에, 내가 10년 만에 놀고 있다고 답하자 노 대표가 지나가듯이 유럽 방문 계획을 이야기했다. 프랑스 파리의 정치대학인 시앙스포와 노르웨이 오슬로 대학에서 강연을 하기로 했는데, 비행깃삯만 준비해 따라오면 밥은 해결해 주겠다는 후한 제안이었다.

몇 년 전 유럽 좌파 정당들의 인터내셔널 대회에 와보라는 진보신당 유럽 당원 최정규 선배의 권유에 응하지 못해 꽤 오랫동안 아쉬워했던 기억 탓인지, 나는 노 대표의 인사치레 제안을 덥석 물어 버렸다.

공식 수행이 아닌 만큼 최소 비용은 모두 개인 부담이었다. 내 영혼을 뒤흔든 "왜 당신이야?"라는 한마디를 던진 것 말고는 아내는 이번 일정에 협조적이었다. 당시 비행깃삯만 153만 원이 넘었는데 그 비용은 'IMF'(아이 러브 마나님 펀드)를 통해 해결했다. 그때 네 살이던 큰아들의 용돈 통장을 깼다고 했다. 애가 더 크고 나서 눈치채기 전에 하루 빨리 갚아야 한다는 심리적 압박이 지금도 장난이 아니다.

파리의 순댓국

노회찬 대표의 일정에 맞춰 스위스에서 날아온 모 당원이 유럽 당원 모임에 참석한 동지들과 노 대표에게 대접하겠다면서 자리 잡은 식당은 '유로 식당'이라는 이름의 한인 식당이다. 그곳에서 나는 순댓국을 주문했는데, 가격이 무려 18유로였다. 2008년 당시 환율을 감안해 환산하면 3만2천 원이 넘는다. 게다가 소주 한 잔을 곁들였더니 15유로(약 2만7천 원)가 나왔다. 순댓국 한 그릇 만찬에 6만 원 가까운 돈을 쓴다고 생각하니, 나도 모르게 수저를 잡은 손이 떨리는 듯했다.

순댓국도 한국에서 흔히 먹는 것처럼 뽀얀 국물에 잘 삶은 머리 고기나 내장 등이 담겨 나오는 것이 아니라, 순대처럼 생긴 햄과 돼지고기가 나오는 정도에 불과해 모양은 물론 맛도 달랐다. 남원이 고향인 유럽 당원 최정규 선배는 남원 연수원 근처 곡성 장터에서 파는 순댓국의 '환장할 맛'을 자랑해 가며 기억을 들쑤셨다.

나를 더 떨게 한 것은, 노르웨이 오슬로 물가에 비하면 파리 물가는 애들 장난이라는 '협박성 증언'이었다. 파리 물가에서부터 오금이 저린 나는, 순댓국이 어디로 들어가는지도 모른 채 수저질만 꾸역거릴 뿐이었다. 오슬로가 아득하게 느껴졌다.

유럽의 우울 : 우익 인종주의 정당의 득세

유럽 일정 내내 많이 우울했다. 물론 파리는 아름다웠지만 이맘때의 날

씨는 나와 영 맞지 않았다. 온종일 흐렸고, 분무기로 뿌려 대는 듯한 빗줄기를 자주 만났다. 또한 오슬로에 갔을 때도 정연한 느낌과 복지국가만의 자신감은 좋았으나, 오후 3시만 지나면 일몰이 시작될 정도로 낮이 너무 짧은 것은 싫었다. 파리와 오슬로에서도 겨울철에 자살률이 높아진다고 하는 것을 보면, 나만 그곳 날씨에 민감하고 우울했던 것은 아닌 모양이다.

하지만 유럽에서 우울했던 것이 날씨 때문만은 아니었다. 인종주의 문제와 정치 문제도 있었다. 홍세화와 박노자라는 창을 통해 들여다보았던 프랑스와 노르웨이 사회는, 온갖 복닥거림은 있지만 각각 '톨레랑스'와 '합리적 이성'으로 움직인다는 것만으로도 동경하게 되는 곳이었다. 그러나 유럽에서 인종주의적 갈등이 다시 등장하고 있다는 사실을 모르지 않았음에도 현지에서 체감한 차별은 훨씬 심각했다.

파리에는 내가 상상했던 것보다 훨씬 많은 유색인종 사람들이 살았고, 아프리카계 이민자의 수도 엄청났다. 지하철을 타면 3분의 2에 육박하는 이들이 아프리카계 이민자들일 정도였다.

그런데 시앙스포 강연을 위해 찾아간 건물 입구에는 백인이 압도적으로 많았다. 유색인종은 열에 하나를 넘지 못했다. 강연이 끝난 뒤 찾아간 인근 카페의 손님 수십 명 가운데 유색인종이 우리 일행뿐일 정도였다. 시앙스포 강연을 주관한 김신동 교수가 말했다.

공화주의를 주장하고 "모두가 프랑스"라고 자랑스럽게 이야기하지만, 사실 이 나라에서 인종주의 문제는 말하지 못하는 것일 뿐, 존재하지 않는 것이 아니다. 이곳을 봐라. 조금이라도 비싸고 좋은 곳에 그들은 없다. 못 오게 법으로 막지는 않지만, 사실상 격리하고 있는 셈이다.

차라리 미국이 더 올바르게 문제 해결에 접근하고 있는지도 모른다. 법으로 막고 폭동이 벌어지고 서로 죽이는 일이 생길지라도, 적어도 문제를 드러내 놓고 말한다는 점만큼은 유럽과 다르다. 오바마 당선이 프랑스 지식인 사회에 가져다준 충격은 엄청나다. "미국은 흑인이 대통령으로 당선되고 있는데 프랑스는 뭐냐?"라는 식의 각성이다.

실제로 그랬다. 우리가 프랑스 사회에 유색인종이 많다는 것을 깨달을 때는 프랑스의 축구 대표팀 경기를 볼 때뿐이다. 의회 풍경이나 예술계 소식을 전하는 텔레비전 화면에서 프랑스 사회의 인종 구성이 제대로 반영되는 모습을 찾기는 어려웠다.

프랑스 정부가 통치를 포기했다고까지 이야기되는 파리의 변두리 지역에서는, 대낮에도 혼자 다니는 백인이 범죄의 대상이 될 정도라고 한다. 정당 지지율 2퍼센트대의 공산당이 이런 구역에서만큼은 늘 이긴다는 사실이 오히려 나를 더 슬프게 했다. 그것은 희망을 상징하는 승리가 아니기 때문이다.

노르웨이의 인종주의 정당도 2008년 당시 이미 30퍼센트의 지지율을 보이고 있다고 했다. 당명은 엉뚱하게도 '진보당'이다. 무엇을 진보라고 하는지는 모르겠으나, 노르웨이 방문 내내 우리는 진보신당의 영문 당명을 말하고 나서 반드시 '사회주의 정당'(socialist party)이라고 첨언해야 했다(이명박 정부에서 우리가 '사회주의자들'이라고 자처했다는 사실을 알면 뒷조사를 하겠다고 할지도 모를 일이지만, 촘스키의 책을 금서 목록에 올렸다는 말을 듣고는 어처구니없이 웃던 그곳 사람들의 얼굴을 이명박 대통령도 봤어야 했다).

이민자 추방을 주장하며 차별주의 정책을 과감하게 앞세운 이 극우 인종주의 정당이 집권을 앞두고 있다는 사실과, 그들의 최대 지지층이 바로 노동자계급이라는 사실이 나를 우울하게 했다. 게다가 우리가 방문한 노르웨이 사회주의좌파당(SV)의 경우 이 문제에 대해 속수무책이라는 점도 알게 되었다.

대기업과 조직 노동자들은 노르웨이 노동당을 굳건하게 지지하고, 이민 노동자들에 의해 일자리가 불안해졌다고 느끼는 중소·영세·비정규 노동자층은 자신들의 일자리를 지켜 줄 것으로 보이는 인종주의 정당을 지지하고 있다. 이런 상황에서, 사회주의좌파당은 지난 30년 동안 7~12퍼센트대의 지지율에 고착되어 있고, 스스로 "우리는 배운 여성들과 지식층의 지지 정당"이라고 말하고 있다. 이들이 노동계급의 지지를 받기 위한 노력을 사실상 포기한 것이 아닐까 하는 우려마저 들었다.

나치즘에 대한 기억과 그 반성 때문에 인종주의적 태도를 대놓고 드러내지는 못하지만, 조용히 투표장에 들어가 인종주의 정당과 극우 정치인을 찍고 나오는 유권자들이 점점 늘어나고 있다는 사실은 인종주의 문제가 유럽인들에게 얼마나 깊이 내재된 문제인지를 잘 보여 준다.

이 문제는 우리나라에서도 먼 이야기가 아니다. 물론 (이미 강력한 노동 이민 통제 및 추방 정책을 쓰고 있다고는 하나) 아직 인종 문제가 사회에 전면화된 것은 아니다. 또한 극우 정치 세력일지라도 대북 문제에서만 병적으로 예민한 태도를 보일 뿐이다. 그러나 유럽에서처럼 우리 사회에도 일자리 문제와 인종 문제가 맞물리게 되면, 유럽보다 더 비인간적이고 암담한 일이 벌어질지 모른다.

어쨌든 유럽 사회에는 '반인종주의'에 대한 사회적 합의가 존재하기에 좌파 정당이나 지식인들이 분명하게 인종주의 흐름에 대해 공격하고 비판할 수 있지만, 과연 우리 사회에도 그런 비판 세력이 제 목소리를 낼 수 있을지는 의문이다. 여전히 진보 정치 세력의 발달이 지지부진하고 시민사회도 완전히 성숙했다고 볼 수는 없기 때문이다. 게다가 득표에 아무런 도움이 되지 않는 이민 노동자 문제가 선거 기간 보수 우파 측에 의해 강력한 이슈로 등장했을 때, 과연 '인종주의에 맞서는 정서적 주장' 외에 어떤 대안적인 정책을 제시할 수 있을까?

한나라당이 이민 노동자를 추방해 한국 노동자, 특히 영세·미조직·저소득 노동자와 그 가족을 지키겠다고 주장하더라도, 우리에게는 프랑스처럼 톨레랑스를 호소할 시민사회도 없고, 노르웨이처럼 강력한 진보 정치 세력이 존재하지도 않는다는 것이 문제다.

변형 나치즘적 정치 세력들이 대통령 결선투표에 진출하고 집권까지 앞두고 있는 유럽의 현실과, 이민 노동자와 농촌 지역의 외국인 신부가 늘어 가고 그 2세들이 성장하면서 예견되는 사회적 갈등에 진보 진영이 아무런 대비도 하지 못하는 한국의 현실. 유럽 일정 내내 머리를 짓누른, 다르지만 닮아 있는 현실들이었다.

가난한 유학생의 하숙집

최경호, 최김경호, 경호……. 자신도 가끔 이런 이름들을 섞어 소개하기도 하지만 내 기억에도 그의 이름은 이런 식이었다. 그가 부모 성 함께 쓰기에도 참여했고, 아예 안 쓰기에도 앞장서고 있기 때문이다.

내가 경호 동지를 기억하는 것은 그가 2002년 지방선거 때 학생 신분인 진보 정당 후보로 서울시의원에 출마해 무려 17.8퍼센트를 얻었기 때문이다. 당시 3년 징역형을 선고받고 감옥에 갇혀 있던 나는, 그가 선전했다는 소식을 듣고는 무척 놀랐고 기뻤다. 은근히 안달이 나기도 했다.

'난 내가 아직 어리고 젊다고 생각했는데 갇혀 있는 사이에 나보다

어리고 싱싱한 사람들이 벌써 치고 올라오는가 보다.'

파리에 가면 그를 만날 수 있으리라는 이야기를 듣고 어떤 사람일지 궁금했는데 그에 대한 내 인물평은 이렇다.

'이런 사람이 정치를 해야지 왜 공부를 하는 거야?'

공부할 타입이 아니라는 소리가 아니라, 이런 훌륭한 인재가 정치를 해야 진보 정치의 앞날이 밝을 것이라는 이야기다.

유럽 일정 두 번째 밤에 경호 동지는 우리 일행을 자신의 하숙방에 초대했다. 그가 저녁 만찬을 준비하겠노라며 대낮부터 사라졌지만 우리는 큰 기대를 하지 않았다. 사실 하숙생이 무슨 여유와 솜씨가 있어 저녁 음식을 준비하겠는가. 그저 된장찌개에 잘 고른 와인 한 병 정도가 차려져 있어도 충분하다고 생각했다.

그러나 경호 동지는 여유 없는 살림에도, 정성을 곁들인 음식 솜씨로 우리를 황홀하게 했다. 연어 샐러드로 시작한 식사는 스테이크, 달팽이 버터 구이, 멜론에 잠봉(햄)을 살짝 얹은 후식, 무리해 마련했을 와인까지 곁들여져 풍성했다. 게다가 학생 시절 서울대 노래패에서 한 실력 했다는 그의 공연이 시작되자 일행 모두가 행복한 표정을 지었다.

가난한 유학생이 이 한 끼를 마련하기 위해서 얼마나 수고스러웠을지 짐작이 갔다. 그럼에도 그는 자신의 훌륭한 음식과 노래 솜씨, 당에 대한 애정까지 고스란히 묻어나는 식사를 두고 "늘 먹던 대로 준비했다."라며 너스레를 떨었다. 우리도 한국에 가면 파리의 한국인 유학생이 운영하는 '늘 먹던 대로 식당'에서 훌륭한 식사를 했노라 말하겠다며 웃었다. '늘 먹던 대로 식당'은 소르본느 대학 근처에 있다. 무엇보다도 진보에 대한 열정이 가득한 한국인 유학생의 곰같이 두터운 배려가 일품이다.

오슬로 거리에서 만난 진보신당?

오슬로는 너무 일찍 해가 져서(오후 4시면 완전한 어둠이 깔린다) 공공 기관도 일찌감치 업무를 마감한다. 공식 일정을 마친 우리 일행이 딱히 할 수 있는 일이 없었다.

디자인과 미술품에 대한 관심이 남다른 노회찬 대표를 따라 미술관과 박물관을 비롯해 이곳저곳 돌아다니는 것이 일이었다. 혼자였다면 시장 골목이나 대학가 주변을 다녔을 텐데, 노회찬 대표 덕에 내 눈도 호사를 누렸다.

귀국 일이 다가왔기에 선물 가게를 구경하며 거리를 거닐고 있었는데 동행한 유성재 동지가 갑자기 외쳤다.

"우와, 진보신당이다."

시청 근처 길 모퉁이에서 발견한 작은 표식의 간판에 우리 일행은 깜짝 놀랐다. 이게 뭘까? 이후에도 거리에서 심심치 않게 같은 간판을 발견하곤 했다. 빨강·파랑·초록·노랑의 바람개비 모양을 한 진보신당 상징과 비슷했다. 정체가 무엇인지는 몰라도 반가운 마음에 기념 삼아 사진을 찍기도 했다. 주로 편의점과 함께 있어서 이곳 편의점의 고유 브랜드이겠거니 했다. 다음 날 오슬로 국립대학 박노자 교수에게 그 간판의 정체에 대해 물었다.

"아, 그거요?"

그는 피식 웃으며 말했다.

"로또 간판이에요. 이곳에서도 로또는 제법……."

약간 남사스럽다는 듯 이야기하는 박 교수의 표정을 보며 우리는 진짜 민망한 얼굴로 침묵을 지켜야 했다. 이곳에서는 인종주의 우익 정당의 이름이 진보당이라더니, 진보신당의 로고는 로또의 상징이로구나. 뭐가 이러냐…….

파리에는 왜 러브호텔이 없을까

러브호텔 이야기가 나온 것은 프랑스의 호텔이 너무 단출했기 때문이다. 우리가 묵었던 몽마르트르 근처의 파리 호텔은 달랑 침대만 두 개 놓여 있을 뿐이었는데, 숙박료는 99유로가 넘었다. 우리 돈으로 약 18만 원가량 하는 셈이다. 그나마 우리는 한국이었던 호텔 '사장님'이 진보 정치 운동에 대한 애정과 노회찬 대표에 대한 관심 덕분에 좀 더 저렴하게 투숙했지만, 냉장고조차 없었다.

오슬로에서 투숙한 호텔도 크게 다르지 않았다. 냉장고는 물론 물도 따로 제공되지 않는 작은 방이었지만 25만 원가량을 내야 했다. 특별히 우리가 묵은 곳만 그렇지는 않다고 했다. 대부분의 호텔이 규모는 작고 시설은 '간단명료'한 모양이다.

한국에서 지방 강연이나 출장을 갔을 때 지역위원회에서 잡아 준 '장급 호텔'의 다양한 서비스 기능(월풀, 대형 화면 텔레비전, 냉장고, 에어컨, 다양한 조명, 넓은 탁자)을 생각해 보면 치약과 칫솔도 주지 않는 외국의 '호텔'이란 당황스럽기까지 했다.

외국 호텔에 대한 우리의 불만은 당연히 '러브호텔 예찬론'으로 이어졌다. 시앙스포 강연을 주관한 김신동 교수도 광주 지역에 '러브호텔'이 밀집된 곳을 국제회의 참가자들의 숙박 시설로 활용한 적이 있는데, 다들 "원더풀!"이라며 좋아했더라는 말을 보탰다. 그 싼 가격에 그만한 숙박 시설을 제공받는다는 것이 믿기지 않는 눈치였다고 한다. 그런데 갑자기 궁금했다. 한국에서 흔히 볼 수 있는 이른바 '러브호텔'이 왜 파리 거리에서는 보이지 않을까?

답은 러브호텔이 필요하지 않아서였다.

한국에서와 달리 파리의 시민들은 성관계를 자기 집에서 즐긴다고 한다. 집에서 할 수 있는데 굳이 돈을 내가며 찾을 필요가 없다는 것이다. 2006년 파리의 15세 이상의 남녀 인구 가운데 독립해 혼자 사는 독신자 비율은 무려 49퍼센트라고 한다. 즉 성인 인구의 절반가량이 독신자라는 이야기다.

기혼자 비율은 37퍼센트라고 하는데, 확률상 독신자 간이나 독신자와 기혼자 간의 만남이, ('집 이외의 장소'가 필요할) 기혼자 간의 만남보다 훨씬 높은 셈이다.

한창 열띠게 러브호텔을 주제로 사회문화적 토론(?)을 나누던 중 우리 일행의 일일 안내를 맡아 준, 민주노동당 정책연구원 출신의 한 동지가 은근한 표정으로 말했다.

"사실 여기도 있어……. 내가 봤거든."

"그럼 그렇지 왜 없겠어." 하며 괜히 들뜬 나와, "그냥 보기만 한 거냐?"라며 발목 잡기식 질문을 던지는 사람들이 몇 마디 더 주고받다가 그날 이야기는 정리되었다.

한밤에 알코올 보급 임무를 띠고 호텔 밖으로 나갔다가 섹스 숍이 즐비한 물랭루주 근처의 바를 지날 때 내게 '즐겨 볼 것'을 권하던 아저씨나, 스트립 바를 버젓이 공개 운영하는 오슬로 시내의 밤거리에서 매춘 호객을 하던 아가씨들.

서울에서 상상하지 못했던 유럽의 낯선 풍경들과 서울의 넘쳐 나는 유흥 문화들을 비교하면서 유럽, 혹은 복지국가 사회의 그 무엇도 절대적인 것으로 여겨서는 안 되겠다는 생각을 해봤다.

그가 국회의원이었는지 우린 미처 몰랐네

유럽 여행 중에 의사소통을 하는 데 전혀 불편함이 없을 정도로 영어 공부를 열심히 해야겠다는 각오를 다졌다. 이명박 정부가 보여 준 엉뚱한 영어 몰입 교육은 아닐지라도, 최소한 자신의 정치적 의사를 분명히 전달할 수 있을 만큼의 회화 실력을 갖추어야겠다는 깨달음을 얻은 것이다.

국내 최고 수준인, 노회찬 대표의 고급 정치 유머가 통역을 통해 전달되면서 그 맛을 잃어버리는 모습을 보며 든 각오이기도 했고, 일상적인 대화조차 갑갑한 나의 지금 수준으로는 나중에라도 단순한 여행 이상의 일정을 소화해야 할 때 문제가 될 수 있겠다 싶었기 때문이다.

짙은 어둠이 내리고 추위가 엄습하기 시작한 오슬로 거리를 돌아다니다가, 오슬로 국회의사당 앞에서 일군의 무리가 햇불 비슷한 것을 들고 모이는 장면을 발견했다. 집회와 시위 문화에 익숙했던 우리는 그들이 무엇을 하려는지 쉽게 알아차릴 수 있었다. 다만 이 집회가 우익들의 집회일 수도 있었기에 조심스럽게 다가갔다.

일단 낫과 망치가 그려진 소비에트 깃발이 보였다. 이곳 공산당일지 모르겠다고 짐작했는데, 잠시 뒤에는 '사회주의청년동맹'이라는 현수막을 찾아냈고 '사회주의좌파당'을 상징하는 문양이 적힌 깃발도 펄럭였다. 이른바 좌파들의 연대 집회인 모양이었다.

이제 이 집회가 무엇을 주장하는 집회인지를 확인해야 했다. 같은 진보 정치 세력끼리 '연대감'도 느끼고 싶은데 이를 서로 느낄 만한 영어 실력이 되는지가 관건이었다. 과감히 대화를 시도했지만, 서로 나눈 대화는 거의 단답형 수준이었다. 간간이 들리는 익숙한 단어를 중심으로 그들의 대답을 정리하면 "임금수준과 노동권이 후퇴되는 것을 막기 위해, 의회에서 저지해야 한다."였다. 그 이상 친절하게 설명해 주었지만, 잘 들리지도 않고 무슨 말인지도 몰랐다.

'내일 박노자 교수에게 물어보면 되지, 뭐.'

박노자 교수는 그날 밤 집회가 의회에서 논의 중인 '서비스 분야 개방에 대한 지침'이 통과되는 것을 반대하기 위해 열렸다고 했다. '지침'의 핵심 내용은 유럽연합 지역에 와있는 동유럽 출신 노동자들에게 '동유럽식 임금 체계 적용'의 길을 여는 것이라고 했다. '노동력의 자유로운 이동'을 위해서라고 포장하지만, 결국 서유럽 지역보다 엄청나게 낮은 인건비 조건을 그대로 적용하겠다는 것이다. 언뜻 생각해도 꽤 큰 파장을 몰고 올 것이 뻔하다.

최저임금제도가 사실상 붕괴되는 결과를 가져오고, 동유럽 출신 이민 노동자들도 당장은 취업에 유리할지 모르나, (일을 하려면 고물가 지역에서 살아야 하기에) 저임금 구조에서 헤어날 방법이 따로 없는 이상, 결국 버텨 낼 수 없을 것이다. 노르웨이의 저임금·비정규·중소기업 노동자들이 감수해야 할 타격은 심각할 수밖에 없고, 임금수준과 노동권은 괴멸적으로 후퇴할 것이 분명했다.

문제는 집권 노르웨이 노동당이 이 사안을 적극 찬성하면서 통과를 주도하고 있다는 것이다. 여기에 노르웨이 우익정당들이 찬성하고 나섰는데, 좌파들과 농민당만이 반대하고 있다고 했다. 그날 밤 집회는 이 좌파들의 연대 집회였던 것이다. 그런데 왜 명색이 노동당인데 노르웨이 노동당은 이 같은 정책에 찬성할까? 박노자 교수의 설명은 다음과 같았다.

노동당은 이제 진보 정당이 아니다. 현 총리의 아버지도 당수였다. 권력을 세습하는 셈이다. …… [또한] 노동당의 최대 지지 세력이 노총인데, 그 핵심인 대기업 노조는 이 정책이 도입되더라도 별다른 피해를 보지 않는다. 서비스 분야의 미조직 노동자들에게 불리할 뿐이다.

뼈아픈 대목이다. 노동계급이 단일화되지 못한 채 대기업의 정규직 노동조합을 중심으로 이익집단화했을 때, '노동자 정치 세력' 또한 눈앞의 이익만을 추종할 수밖에 없음을 보여 주기 때문이다.

사회주의좌파당은 연립정부에 가담하면서도 이 정책에는 반대하는 듯했다. 노회찬 대표와 함께한 간담회에서 그들은 연립정부의 구성원이지만 일상적으로 갈등 관계에 놓여 있다는 사실을 숨기지 않았다.

집회장에서, 영어는 어설펐지만 집회에 대해 적극적인 관심을 지닌 우리 일행에게 흥미를 보인 젊은이를 만났다. 똑똑해 보였고, 분명한 목소리에서 자신감 있는 태도가 묻어났다. 가슴에 사회주의좌파당의 배지를 달고 있었기 때문에 그 당의 간부일 것이라고만 짐작했다.

그는 노회찬 대표 곁에서 매우 적극적으로 이 집회에 대해 설명했다. 발언자들의 발언 내용에 더해 이런저런 설명을 자세히 해주기도 했다. 그쪽 집회도 우리와 별다를 것이 없었다. 발언자들의 발언은 길게 이어졌고, 흥분한 발언자가 말이 막혀 머뭇거리면 참석자들이 격려의 박수를 보내기도 했다. 다만 문화 공연은 없는 듯했고 우리처럼 구호를 자주 외치지도 않았다.

그 젊은이에게 받은 명함을 별 생각 없이 주머니에 넣어 두고 있었는데, 나중에 꺼내 보니 사회주의좌파당에 속한 노르웨이 국회의원이었다. 박노자 교수는 그가 하이키 홀모스(Heikki Holmås)이며 '주목할 만한 사람'이라고 평했다. 특히 당내 좌파여서 더 원칙적이고 분명하게 현안에 대응하게 될 것이라는 기대감을 보이기도 했다.

그에게 짧게나마 진보신당을 설명하고 이런저런 이야기를 나누고서도 그가 국회의원인지, 어떤 정치적 지위에 있는지도 몰랐다. 물론 그도 몰랐을 것이다. 그가 만났던 얼굴이 둥글고 머리숱이 적은 한국인이 제법 유명한 정치인이고, 자신들과 이념적 지향이나 행보가 (상대적으로) 한국에서 가장 비슷한 정당의 대표자였다는 사실을 말이다.

있는 그대로의 유럽

나는 프랑스인의 자유분방함과 열정을 좋아한다. 역사적으로 그들이 선택하고 만들어 온 길이 보여 주는 치열함도 사랑한다. 대혁명, 왕정 타도, 파리코뮌, 레지스탕스 운동 등 억압에 저항해 온 그들의 뜨거움에 가슴 뛰었던 기억이 있다.

나는 북유럽 복지국가와 일상 곳곳에 포진한 생활 속의 진보가 부럽다. 노동 정치의 강고함, 양성 평등의 든든함, 교육·보육·주택·노후 등 모든 분야에서 치밀하게 짜인 복지 정책에서, 우리 사회가 나아가야 할 방향을 정하는 데 시사점을 얻을 수 있다고 생각한다. 서울에서 바라본 파리와 오슬로는 동경의 대상이었다.

하지만 짧은 시간이나마 보고 들은 그곳에도 시름에 겨운 현실이 있었다. 사르코지가 집권했고 극우 정당이 약진하고 있는 프랑스가 (오바마가 당선되면서 역동성을 확보한) 미국을 전처럼 비웃을 수 없다고 털어놓던 파리 사람들, 반노동자 정책에 찬성하며 '노동자를 배신하는 노동당'이라는 비판을 듣고 있던 노르웨이 노동당, 다수파 정당의 활력을 찾기 어려운 노르웨이 사회주의좌파당을 만나며 그곳 진보 정치의 한계에 대해 고민했다.

게다가 두 곳에서 공통적으로 발견한 인종주의 문제와, 인종주의 문제에 대한 최악의 대안인 극우 정당의 약진은, 비록 당장 한국 사회에 직면해 있지는 않더라도 머지않아 문제로 등장할 수 있다는 점에서, 진보 진영이 어떤 준비를 해야 할지를 생각하게 했다.

우리 사회에는 미국 중심적이라는 데에서 비롯되는 문제가 많다. 미국이 구축한 사회경제 시스템만을 배우고 따르려 한 데서 발생한 폐해와 그 한계가 이미 곳곳에서 드러나고 있는 것이다. 한 단계 더 나아가기 위해서는 유럽, 특히 북유럽이 만들어 놓은 복지국가 사회를 모델로 삼고, 우리 사회만의 문제들을 극복하고자 힘을 모을 필요가 있다고 생각한다.

유럽 국가들이 재정 위기로 몸살을 앓고 있고 진보 정당들은 고전을 면치 못하고 있지만, 여전히 그들이 만들어 온 인간적이고 균형 잡힌 사회에서 배울 점이 많다. 그들이 겪은 오류와 한계까지 직시해 타산지석으로 삼는다면 무비판적으로 추종한다는 비판이 들어설 여지는 없을 것이다. 미국 중심주의를 내려놓고 유럽에 대한 이상적인 동경 또한 경계하면서, 있는 그대로의 유럽을 통해 우리가 맞닥뜨린 문제를 넘어서는 지혜를 얻었으면 한다.

후마니타스의 책 | 발간순

시민사회의 다원적 적대들과 민주주의 | 정태석 지음
한국 사회민주주의 정당의 역사적 기원 | 정태영 지음
지역, 지방자치, 그리고 민주주의 | 하승수 지음
금융세계화와 한국 경제의 진로 | 조영철 지음
도시의 창, 고급호텔 | 발레리 줄레조 외 지음, 양지은 옮김
어떤 민주주의인가 | 최장집·박찬표·박상훈 지음
정치적인 것의 귀환 | 샹탈 무페 지음, 이보경 옮김
정치와 비전 1 | 셀던 월린 지음, 강정인·공진성·이지윤 옮김
사회 국가, 한국 사회 재설계도 | 진보정치연구소 지음
법률사무소 김앤장 | 임종인·장화식 지음
여성·노동·가족 | 루이스 틸리·조앤 스콧 지음, 김영·박기남·장경선 옮김
민주노조운동 20년 | 조돈문·이수봉 지음
소수자와 한국 사회 | 박경태 지음
평등해야 건강하다 | 리처드 윌킨슨 지음, 김홍수영 옮김
재벌개혁의 헌실과 대안 찾기 | 송원근 지음
민주화 20년, 지식인의 죽음 | 경향신문 특별취재팀 지음
한국의 노동체제와 사회적 합의 | 노중기 지음
한국 사회, 삼성을 묻는다 | 조돈문·이병천·송원근 엮음
국민국가의 정치학 | 홍태영 지음
아시아로 간 삼성 | 장대업 엮음, 강은지·손민정·문연진 옮김
우리의 소박한 꿈을 응원해 줘 | 권성현·김순천·진재연 엮음
국제관계학 비판 | 구갑우 지음
부동산 계급사회 | 손낙구 지음
부동산 신화는 없다 | 전강수·남기업·이태경·김수현 지음, 토지＋자유연구소 기획
양극화 시대의 한국경제 | 유태환·박종현·김성희·이상호 지음
절반의 인민주권 | E. E. 샤츠슈나이더 지음, 현재호·박수형 옮김
민주주의와 법의 지배 | 아담 쉐보르스키·호세 마리아 마리발 외 지음, 안규남·송호창 외 옮김
지겹도록 고마운 사람들아 | 오도엽 지음
박정희 정부의 선택 | 기미야 다다시 지음
의자를 뒤로 빼지 마 | 손낙구 지음, 신한카드 노동조합 기획
와이키키 브라더스를 위하여 | 이대근 지음
존 메이너드 케인스 1·2 | 로버트 스키델스키 지음, 고세훈 옮김
존 메이너드 케인스(세트) | 로버트 스키델스키 지음, 고세훈 옮김
시장체제 | 찰스 린드블룸 지음, 한상석 옮김

권력의 병리학 | 폴 파머 지음, 김주연·리병도 옮김

팔레스타인 현대사 | 일란 파페 지음, 유강은 옮김

자본주의 이해하기 | 새뮤얼 보울스·리처드 에드워즈·프랭크 루스벨트 지음,
            최정규·최민식·이강국 옮김

한국 정치의 이념과 사상 | 강정인·김수자·문지영·정승현·하상복 지음

위기의 부동산 | 이정전·김윤상·이정우 외 지음

산업과 도시 | 조형제 지음

암흑의 대륙 | 마크 마조워 지음, 김준형 옮김

부러진 화살 | 서형 지음

냉전의 추억 | 김연철 지음

만들어진 현실 | 박상훈 지음

정치와 비전 2 | 셸던 월린 지음, 강정인·이지윤 옮김

현대 일본의 생활보장체계 | 오사와 마리 지음, 김영 옮김

복지한국, 미래는 있는가(개정판) | 고세훈 지음

분노한 대중의 사회 | 김헌태 지음

정치 에너지 | 정세균 지음

워킹 푸어, 빈곤의 경계에서 말하다 | 데이비드 K. 쉬플러 지음, 나일등 옮김

거부권 행사자 | 조지 체벨리스 지음, 문우진 옮김

왜 사회에는 이견이 필요한가 | 카스 R. 선스타인 지음, 박지우·송호창 옮김

초국적 기업에 의한 법의 지배 | 수전 K. 셀 지음, 남희섭 옮김

한국 진보정당 운동사 | 조현연 지음

근대성의 역설 | 헨리 임·곽준혁 엮음

브라질에서 진보의 길을 묻는다 | 조돈문 지음

동원된 근대화 | 조희연 지음

의료 사유화의 불편한 진실 | 김명희·김철웅·박형근·윤태로·임준·정백근·정혜주 지음

대한민국 정치사회 지도(수도권 편) | 손낙구 지음

인권을 생각하는 개발 지침서 | 보르 안드레아센·스티븐 마크스 지음, 양영미·김신 옮김

불평등의 경제학 | 이정우 지음

왜 그리스인가 | 자클린 드 로미이 지음, 이명훈 옮김

민주주의의 모델들 | 데이비드 헬드 지음, 박찬표 옮김

노동조합 민주주의 | 조효래 지음

대한민국 정치사회 지도(집약본) | 손낙구 지음

유럽 민주화의 이념과 역사 | 강정인·오향미·이화용·홍태영 지음

우리, 유럽의 시민들? | 에티엔 발리바르 지음, 진태원 옮김

민주화 이후의 민주주의(개정2판) | 최장집 지음

지금, 여기의 인문학 | 신승환 지음

비판적 실재론 | 앤드류 콜리어 지음, 이기홍·최대용 옮김

누가 금융 세계화를 만들었나 | 에릭 헬라이너 지음, 정재환 옮김

정치적 평등에 관하여 | 로버트 달 지음, 김순영 옮김

한낮의 어둠 | 아서 쾨슬러 지음, 문광훈 옮김

모두스 비벤디 | 지그문트 바우만 지음, 한상석 옮김

진보와 보수의 12가지 이념 | 폴 슈메이커 지음, 조효제 옮김

한국의 48년 체제 | 박찬표 지음

너는 나다 | 손아람·이창현·유희·조성주·임승수·하종강 지음
                (레디앙, 삶이보이는창, 철수와영희, 후마니타스 공동 출판)

정치가 우선한다 | 셰리 버먼 지음, 김유진 옮김

대출 권하는 사회 | 김순영 지음

인간의 꿈 | 김순천 지음

복지국가 스웨덴 | 신필균 지음

대학주식회사 | 제니퍼 워시번 지음, 김주연 옮김

국민과 서사 | 호미 바바 편저, 류승구 옮김

통일 독일의 사회정책과 복지국가 | 황규성 지음

아담의 오류 | 던컨 폴리 지음, 김덕민·김민수 옮김

기생충, 우리들의 오래된 동반자 | 정준호 지음

깔깔깔 희망의 버스 | 깔깔깔 기획단 엮음

노동계급 형성과 민주노조운동의 사회학 | 조돈문 지음

시간의 목소리 | 에두아르도 갈레아노 지음, 김현균 옮김

법과 싸우는 사람들 | 서형 지음

작은 것들의 정치 | 제프리 골드파브 지음, 이충훈 옮김

경제 민주주의에 관하여 | 로버트 달 지음, 배관표 옮김

정치체에 대한 권리 | 에티엔 발리바르 지음, 진태원 옮김

작가의 망명 | 안드레 블첵·로시 인드라 지음, 여운경 옮김

지배와 저항 | 문지영 지음

한국인의 투표 행태 | 이갑윤 지음